Utilize este código QR para se cadastrar de forma mais rápida:

Ou, se preferir, entre em:
www.moderna.com.br/ac/livro
e siga as instruções para ter acesso aos conteúdos exclusivos do
Livro Digital

CÓDIGO DE ACESSO:
A 00292 MATENCL5E 4 03602

Faça apenas um cadastro. Ele será válido para:

Da semente ao livro,
sustentabilidade por todo o caminho

Plantar florestas
A madeira que serve de matéria-prima para nosso papel vem de plantio renovável, ou seja, não é fruto de desmatamento. Essa prática gera milhares de empregos para agricultores e ajuda a recuperar áreas ambientais degradadas.

Fabricar papel e imprimir livros
Toda a cadeia produtiva do papel, desde a produção de celulose até a encadernação do livro, é certificada, cumprindo padrões internacionais de processamento sustentável e boas práticas ambientais.

Criar conteúdos
Os profissionais envolvidos na elaboração de nossas soluções educacionais buscam uma educação para a vida pautada por curadoria editorial, diversidade de olhares e responsabilidade socioambiental.

Construir projetos de vida
Oferecer uma solução educacional Moderna é um ato de comprometimento com o futuro das novas gerações, possibilitando uma relação de parceria entre escolas e famílias na missão de educar!

Apoio:
www.twosides.org.br

Fotografe o Código QR e conheça melhor esse caminho.
Saiba mais em *moderna.com.br/sustentavel*

Ênio Silveira

Engenheiro mecânico pela Universidade Federal do Ceará – UFC. Engenheiro eletricista pela Universidade de Fortaleza – Unifor. Diretor pedagógico do Sistema ATS de Ensino. Professor de Matemática e Física em escolas particulares do estado do Ceará.

Cláudio Marques

Supervisor pedagógico do Sistema ATS de Ensino. Professor e assessor de Matemática em escolas particulares de Ensino Fundamental do estado do Ceará.

MATEMÁTICA
4

5ª edição

© Ênio Silveira, Cláudio Marques, 2019

Coordenação editorial: Mara Regina Garcia Gay
Edição de texto: Carolina Maria Toledo, Daniel Vitor Casartelli Santos, Mateus Coqueiro Daniel de Souza
Assistência editorial: Cecília Tiemi Ikedo, Edson Ferreira de Souza, Kátia Tiemy Sido, Paulo Cesar Rodrigues dos Santos, Zuleide Maria Talarico
Gerência de *design* e produção gráfica: Everson de Paula
Coordenação de produção: Patricia Costa
Suporte administrativo editorial: Maria de Lourdes Rodrigues
Coordenação de *design* e projetos visuais: Marta Cerqueira Leite
Projeto gráfico: Bruno Tonel
Capa: Bruno Tonel, Daniel Messias
    Ilustração: Ivy Nunes
Coordenação de arte: Wilson Gazzoni Agostinho
Edição de arte: Regine Crema
Editoração eletrônica: Teclas Editorial
Coordenação de revisão: Elaine C. del Nero
Revisão: Alessandra Abramo, ReCriar Editorial
Coordenação de pesquisa iconográfica: Luciano Baneza Gabarron
Pesquisa iconográfica: Mariana Alencar
Coordenação de *bureau*: Rubens M. Rodrigues
Tratamento de imagens: Fernando Bertolo, Joel Aparecido, Luiz Carlos Costa, Marina M. Buzzinaro
Pré-impressão: Alexandre Petreca, Everton L. de Oliveira, Marcio H. Kamoto, Vitória Sousa
Coordenação de produção industrial: Wendell Monteiro
Impressão e acabamento: EGB Editora Gráfica Bernadi Ltda
Lote: 768536
Cod: 24119812

Dados Internacionais de Catalogação na Publicação (CIP)
(Câmara Brasileira do Livro, SP, Brasil)

Silveira, Ênio
Matemática / Ênio Silveira, Cláudio Marques. –
5. ed. – São Paulo : Moderna, 2019.

Obra em 5 v. para alunos do 1º ao 5º ano.

1. Matemática (Ensino fundamental) I. Marques, Cláudio. II. Título.

19-25565   CDD-372.7

Índices para catálogo sistemático:
1. Matemática : Ensino fundamental   372.7
Maria Alice Ferreira – Bibliotecária – CRB-8/7964

ISBN 978-85-16-11981-2 (LA)
ISBN 978-85-16-12010-8 (LP)

Reprodução proibida. Art. 184 do Código Penal e Lei 9.610 de 19 de fevereiro de 1998.
Todos os direitos reservados
EDITORA MODERNA LTDA.
Rua Padre Adelino, 758 – Belenzinho
São Paulo – SP – Brasil – CEP 03303-904
Vendas e Atendimento: Tel. (0_ _11) 2602-5510
Fax (0_ _11) 2790-1501
www.moderna.com.br
2022
Impresso no Brasil

1 3 5 7 9 10 8 6 4 2

Apresentação

Estimado(a) aluno(a),

Neste livro, vamos apresentar a você, de maneira interessante e criativa, os conhecimentos matemáticos.

Aprender Matemática vai ajudá-lo(a) a compreender melhor o mundo que o(a) cerca. Você vai perceber que a Matemática está presente em casa, na escola, no parque, em todo lugar. Ela é importante no nosso dia a dia, pois nos ajuda a interpretar informações, buscar soluções para problemas cotidianos e tomar decisões.

Embarque conosco nesta viagem surpreendente pelo mundo da Matemática! Você vai fazer descobertas incríveis!

Participe de todas as atividades propostas e cuide bem do seu livro. Ele será seu companheiro durante todo este ano.

Os autores

*Aos meus filhos,
Priscila, Ingrid e Ênio Filho, que são
minha inspiração, minha vida.*

Ênio Silveira

*À minha esposa, Letícia,
pela inspiração e compreensão,
com minha admiração e estima.*

Cláudio Marques

Como é o seu livro

Durante os estudos, você encontrará neste livro páginas organizadas com o objetivo de facilitar seu aprendizado e torná-lo mais interessante.

Abertura da unidade

Nestas páginas, você terá um primeiro contato com o conteúdo que será estudado em cada unidade, respondendo a algumas questões no **Trocando ideias**.

Apresentação do conteúdo

Para cada conteúdo trabalhado na seção **Aprendendo**, há uma sequência de atividades na seção **Praticando**.

Curiosidade

Este boxe traz informações interessantes que envolvem Matemática.

Agindo e construindo

Neste boxe, você vai construir coisas legais que ajudarão a entender alguns conceitos.

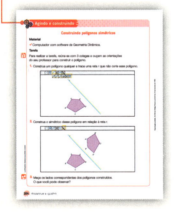

Lendo e descobrindo

Nesta seção, você vai encontrar textos sobre diversos assuntos, como saúde, cidadania, meio ambiente, entre outros.

Tratando a informação

Nesta seção, você vai aprender a trabalhar com informações apresentadas em gráficos, quadros e tabelas.

Resolvendo problemas

Neste boxe, você vai encontrar problemas mais elaborados que os apresentados na unidade.

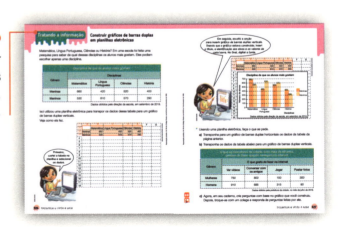

Educação financeira

São dadas informações sobre o tema estudado de forma clara e organizada.

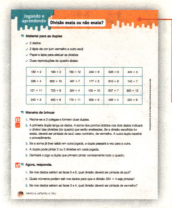

Jogando e aprendendo

Nesta seção, você se reunirá aos colegas para jogar e aprender Matemática.

Praticando mais

Estas páginas trazem uma nova sequência de atividades. É importante que você faça todas para perceber o quanto aprendeu.

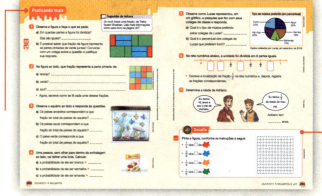

Investigando a chance

Nesta seção, você vai aprender que nem todas as coisas que acontecem têm chances iguais de ocorrer.

Desafio

Ao final de cada unidade, você resolverá pelo menos uma atividade desafiadora para testar seus conhecimentos.

Ícones utilizados na obra

Estes ícones indicam como realizar algumas atividades:

Elaboração de problemas | Atividade oral | Grupo | Dupla

Desenho ou pintura | Cálculo mental | Calculadora | Atividade no caderno

Ícone com indicação de conteúdo digital

Conteúdo digital
Ícone com indicação de conteúdo digital, como animações, jogos e atividades interativas.

Indicam situações em que são abordados temas integradores

Indicação de conteúdo extraclasse

Sugestão de site

Indicação de jogos, animações, vídeos e atividades interativas *on-line*.

Os *links* indicados nesta coleção podem estar indisponíveis após a data de publicação deste material.

Sugestão de leitura

Indicação de leitura de livros.

No final do livro digital, você encontra as Atividades para verificação de aprendizagem.

Sumário

UNIDADE 1 — Sistema de numeração decimal 12

1. Sistemas de numeração egípcio e romano 14
2. Sistema de numeração indo-arábico 19
3. Números que indicam ordem 23
4. Números de 4 algarismos 26
5. Números de 5 algarismos 29
6. Comparando números 32
7. Números na reta numérica 34
- **Educação financeira** 37
- **Tratando a informação** 38
- **Praticando mais** 40

UNIDADE 2 — Adição e subtração 43

1. Situações de adição 44
2. Adição 46
3. Adição com milhares 50
4. Algumas propriedades da adição 52
5. Problemas envolvendo adição 56
6. Situações de subtração 60
7. Subtração 64
8. Subtração com milhares 68
9. Investigação com igualdades 71
10. Conferindo adições e subtrações 73
11. Expressões numéricas 76
12. Problemas com adição e subtração 78
- **Jogando e aprendendo** 81
- **Tratando a informação** 82
- **Praticando mais** 84

UNIDADE 3 — Geometria 88

1. Cubo e paralelepípedo 90
2. Prismas e pirâmides 92
- **Agindo e construindo** 95
3. Cilindro, cone e esfera 97
- **Agindo e construindo** 97
- **Lendo e descobrindo** 98
- **Tratando a informação** 100
- **Praticando mais** 102

GEORGE TUTUMI

CHEGADA

UNIDADE 4 — Multiplicação — 104

1. Os significados da multiplicação 106
2. Multiplicação com trocas 112
3. Quádruplo, quíntuplo e sêxtuplo 115
4. Multiplicação e divisão: operações inversas 116
5. Multiplicação por 10, por 100 e por 1 000 118
6. Multiplicação por números de dois algarismos 121
7. Multiplicação por números de três algarismos 124
8. Propriedades da multiplicação 126
9. Conferindo multiplicações 131
10. Expressões numéricas 132
11. Problemas envolvendo multiplicação 133
12. Múltiplos de um número natural 138
- **Investigando a chance** 140
- **Lendo e descobrindo** 142
- **Praticando mais** 143

UNIDADE 5 — Divisão — 146

1. As ideias da divisão 147
2. Divisão não exata 150
3. Divisor com um algarismo 153
4. Divisor com dois algarismos 157
5. Divisão por 10, por 100 e por 1 000 160
6. Conferindo divisões 161
7. Expressões numéricas 163
8. Problemas envolvendo divisão 164
9. Divisores de um número natural 169
10. Critérios de divisibilidade 170
- **Lendo e descobrindo** 173
- **Tratando a informação** 174
- **Educação financeira** 176
- **Jogando e aprendendo** 178
- **Praticando mais** 179

UNIDADE 6 — Figuras geométricas planas — 180

1. Segmento de reta e reta 182
2. Ângulos 185
- **Agindo e construindo** 187
3. Retas paralelas e retas concorrentes 188
4. Polígonos 191

5. Triângulos 195
6. Quadriláteros 197
7. Simetria 199
- **Agindo e construindo** 204
8. Geometria e Arte 205
- **Lendo e descobrindo** 207
- **Praticando mais** 208

UNIDADE 7 — Medidas de tempo — 212

1. Hora, minuto e segundo 214
2. Dia, semana, mês e ano 218
- **Investigando a chance** 221
- **Praticando mais** 222

UNIDADE 8 — Números na forma de fração — 224

1. Ideias de fração 226
2. Leitura de frações 230
3. Representação de frações na reta numérica 234
4. Comparando frações com o inteiro 236
5. Comparação de frações 239
6. Frações equivalentes 241
7. Adição com frações 244
8. Subtração com frações 248
9. Multiplicação com frações 253
10. Fração de uma quantidade 255
- **Tratando a informação** 258
- **Praticando mais** 260

UNIDADE 9 — Números na forma decimal — 262

1. Frações decimais 264
2. Números na forma decimal 265
3. Décimos 268
4. Centésimos 271
5. Milésimos 274
6. Representação no quadro de ordens 277
7. Números equivalentes 280
8. Comparação de números na forma decimal 282
9. Adição de números na forma decimal 283
10. Subtração com números na forma decimal 287
- **Jogando e aprendendo** 290
11. Multiplicação com números na forma decimal 291

12. Multiplicação com números na forma decimal por 10, por 100 e por 1 000 295
13. Divisão com quocientes na forma decimal 296
14. Divisão de números na forma decimal por 10, por 100 e por 1 000 300
- **Tratando a informação** 302
- **Praticando mais** 303

UNIDADE 10 — Medidas de comprimento e de superfície — 306

1. Medidas de comprimento 308
2. O metro, seus múltiplos e submúltiplos 309
3. Leitura das medidas de comprimento 314
4. Transformação de unidades de medidas de comprimento 316
5. Perímetro de uma figura 321
6. Ideia de área 323
- **Tratando a informação** 326
- **Praticando mais** 328

UNIDADE 11 — Medidas de massa, de capacidade e de temperatura — 331

1. Unidades de medida de massa 332
2. Leitura das medidas de massa 338
3. Transformação de unidades de medidas de massa 339
4. Unidades de medida de capacidade 342
5. Leitura das medidas de capacidade 346
6. Transformação das unidades de medidas de capacidade 347
- **Lendo e descobrindo** 350
7. Temperatura 351
- **Tratando a informação** 353
- **Praticando mais** 354

Sugestões de leitura 356
Material complementar 361

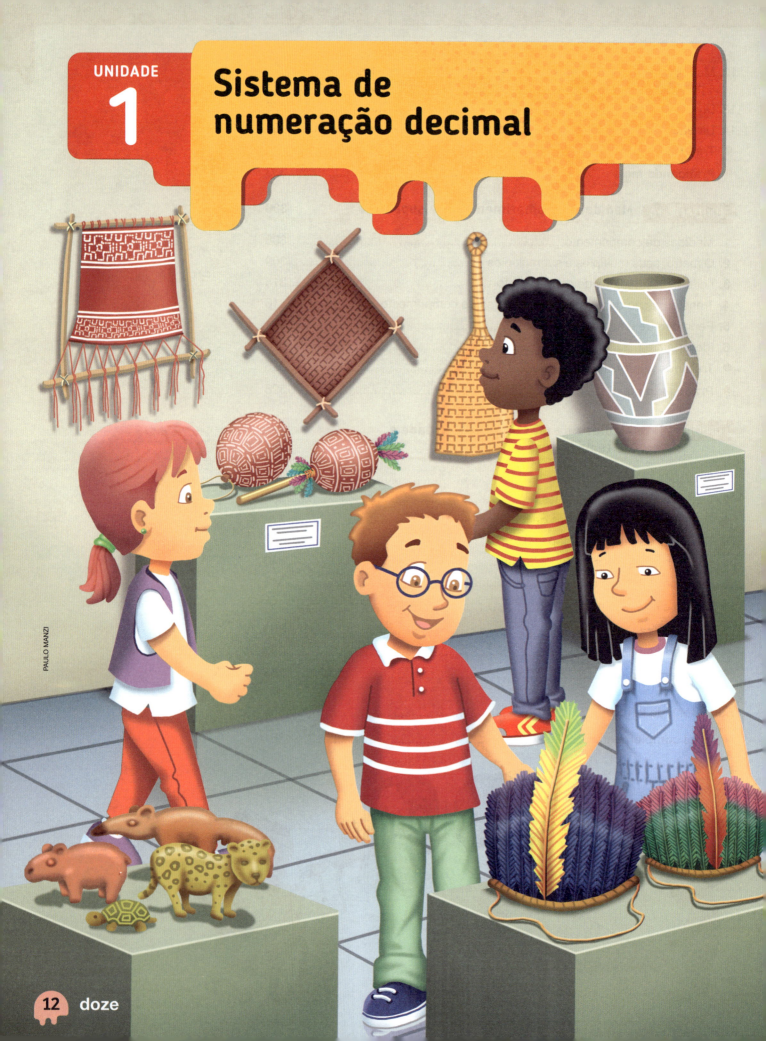

UNIDADE 1
Sistema de numeração decimal

Trocando ideias

1. Segundo os dados do IBGE, qual é o município brasileiro com a maior população indígena?

2. Com base no mapa, você acha que a região Sudeste tem população indígena superior ou inferior a 20 000? Confira sua resposta usando uma calculadora.

3. O número que você obteve com a calculadora no item anterior está mais próximo de 20 000 ou de 21 000?

1 Sistemas de numeração egípcio e romano

Aprendendo

Nem sempre os números foram representados na forma em que os conhecemos hoje. Já vimos que algumas civilizações antigas, como a egípcia e a romana, criaram símbolos e sistemas próprios para representar números.

Sistema de numeração egípcio

Os símbolos usados pelos egípcios para representar os números eram inspirados no formato de plantas, animais, objetos e partes do corpo humano. Veja alguns símbolos egípcios e o número que cada um deles representa.

Bastão	Calcanhar	Rolo de corda	Flor de lótus
1	10	100	1 000

Nesse sistema de numeração, cada símbolo pode ser repetido até nove vezes. E, para determinar um número, é necessário adicionar os valores dos símbolos que o formam, não importando a ordem em que estão escritos.

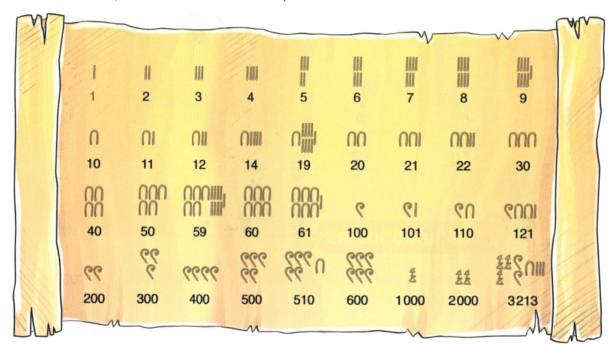

Observe alguns números representados pelos símbolos egípcios.

6 000

1 224

1 404

Sistema de numeração romano

1. No sistema romano, os símbolos que representam os números são letras do alfabeto. Observe, no quadro abaixo, quais são essas letras e a que números elas correspondem no nosso sistema de numeração.

I	V	X	L	C	D	M
1	5	10	50	100	500	1 000

Veja mais números no sistema de numeração romano.

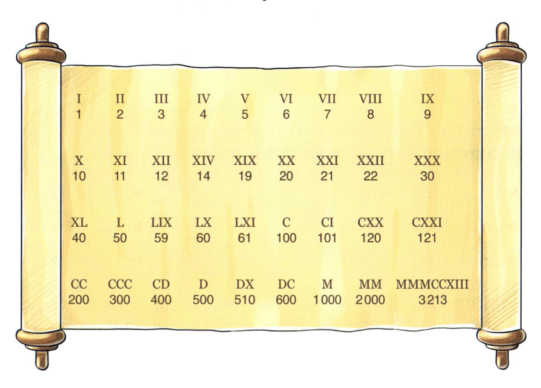

I	II	III	IV	V	VI	VII	VIII	IX
1	2	3	4	5	6	7	8	9

X	XI	XII	XIV	XIX	XX	XXI	XXII	XXX
10	11	12	14	19	20	21	22	30

XL	L	LIX	LX	LXI	C	CI	CXX	CXXI
40	50	59	60	61	100	101	120	121

CC	CCC	CD	D	DX	DC	M	MM	MMMCCXIII
200	300	400	500	510	600	1000	2000	3213

JOSÉ LUIS JUHAS

Note que, para representar os números no sistema romano, algumas regras precisam ser obedecidas.

- Somente os símbolos I, X, C e M podem ser repetidos até três vezes seguidas.
- Se o símbolo escrito à direita tiver valor igual ou menor que o símbolo da esquerda, os valores correspondentes a eles devem ser adicionados.
- Apenas os símbolos I, X e C podem ser escritos à esquerda de outro de maior valor. Nesse caso, o valor do símbolo menor deve ser subtraído do valor do símbolo maior, sempre considerando que:

> **I** só pode aparecer antes de **V** ou de **X**
> **X** só pode aparecer antes de **L** ou de **C**
> **C** só pode aparecer antes de **D** ou de **M**

quinze **15**

Veja como Isabela representou os números 70, 800 e 909 com os símbolos do sistema de numeração romano.

- Colocando um traço horizontal sobre um número representado por um ou mais símbolos, obtemos esse número multiplicado por mil.

$\overline{V}$ ▶ 5 × 1 000 = 5 000

$\overline{VI}$ ▶ 6 × 1 000 = 6 000

$\overline{XXV}$ ▶ 25 × 1 000 = 25 000

$\overline{XL}$ ▶ 40 × 1 000 = 40 000

$\overline{L}$ ▶ 50 × 1 000 = 50 000

$\overline{C}$ ▶ 100 × 1 000 = 100 000

Ainda hoje, a numeração romana é utilizada em mostradores de relógio, na indicação de séculos, em capítulos de livros, em títulos de papas, reis e imperadores. Exemplos: século XX, capítulo IV, papa Bento XVI e Dom Pedro I.

Praticando

1 Utilizando o nosso sistema de numeração, escreva os números representados pelos símbolos egípcios.

a)  _____

c) 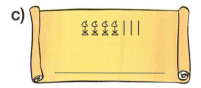 _____

e) 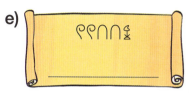 _____

b) 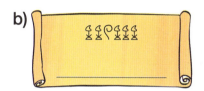 _____

d)  _____

f) 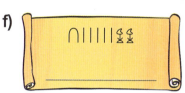 _____

2 Observe os números do sistema de numeração romano nas fotos abaixo e faça o que se pede.

 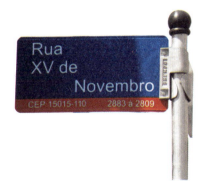 

a) Que horário o relógio está marcando? _____

b) Escreva como se lê o nome da rua indicado na placa.

_____

c) Escreva o número do capítulo do livro. _____

3 Reescreva usando os símbolos do sistema de numeração romano.

a) Século 21 ▶ _____

b) Capítulo 19 ▶ _____

c) Ano 3 ▶ _____

d) Rua Pio Doze ▶ _____

e) Papa João 23 ▶ _____

f) Setor Quatro ▶ _____

4 Complete o quadro.

Século	Começa no ano	Termina no ano
XV	1401	1500
XVIII		
XXI		

5 O primeiro voo ao redor do mundo de um avião movido a energia solar foi completado no dia 26 de julho de 2016 pela aeronave Solar Impulse 2, que tocou o solo diante de muitos aplausos em Abu Dhabi (Emirados Árabes).

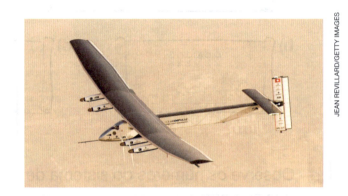

A energia para as quatro hélices que movimentam o Solar Impulse 2 vem das placas que absorvem a energia solar. Registre, usando símbolos do sistema de numeração romano, o mês, o ano e o século em que esse avião levantou voo.

Mês	Ano	Século

6 Escreva os números a seguir usando os símbolos do sistema de numeração romano.

a) 27 ▶ _____   e) 76 ▶ _____   i) 49 ▶ _____

b) 282 ▶ _____   f) 865 ▶ _____   j) 904 ▶ _____

c) 58 ▶ _____   g) 14 ▶ _____   k) 96 ▶ _____

d) 633 ▶ _____   h) 445 ▶ _____   l) 2 500 ▶ _____

7 Utilizando o nosso sistema de numeração, escreva os números representados pelos símbolos romanos.

a) IX ▶ _____   e) CXLIII ▶ _____

b) XLI ▶ _____   f) DCLI ▶ _____

c) XCV ▶ _____   g) MCMIV ▶ _____

d) LXXVII ▶ _____   h) MMMDLX ▶ _____

2 Sistema de numeração indo-arábico

🎓 Aprendendo

O nosso sistema de numeração é chamado de **indo-arábico**. Ele tem esse nome porque foi idealizado pelos antigos indianos (povos que habitavam o vale do rio Indo, onde se localiza hoje o país chamado Paquistão) e divulgado pelos árabes. Vamos relembrar algumas características desse sistema de numeração.

No sistema de numeração indo-arábico, foram criados 10 símbolos — denominados algarismos — para representar qualquer número.

Sistema de numeração
Nesta animação, você vai conhecer um pouco mais da história de como alguns povos representavam os números.

Os 10 símbolos do sistema indo-arábico são: 0, 1, 2, 3, 4, 5, 6, 7, 8 e 9.

- Para formar 1 dezena, precisamos agrupar 10 unidades.
- Para formar 1 centena, precisamos agrupar 10 dezenas.
- Para formar 1 unidade de milhar, precisamos agrupar 10 centenas.

É um sistema decimal, ou seja, um sistema em que os agrupamentos são feitos de 10 em 10.

Além disso, os algarismos assumem valores diferentes conforme a posição que ocupam no número.

Os números 1 468 e 6 481 são formados pelos mesmos algarismos.

- No número 1 468, o algarismo 8 vale 8 unidades e, no número 6 481, vale 8 dezenas.
- Nos números 1 468 e 6 481, o algarismo 4 tem o mesmo valor: 4 centenas.

dezenove 19

Praticando

1 Observe o número abaixo e faça o que se pede.

a) Escreva esse número utilizando os símbolos do sistema indo-arábico.

_____

• Decomponha esse número considerando o maior número de centenas exatas, o maior número de dezenas exatas e as unidades.

_____

b) Quando mudamos a posição dos símbolos egípcios, o número formado se altera? Explique por quê.

c) No caso do nosso sistema de numeração, a mudança na posição dos algarismos altera o número formado? Explique.

2 Observe como Ana representou o número 405 com o ábaco.

• Agora, escreva com algarismos o número que está representado em cada ábaco.

a) 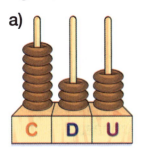 b) 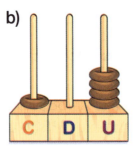 c) 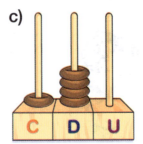 d)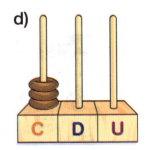

3 Responda às questões.

a) Uma cédula de 20 reais pode ser trocada por quantas moedas de 1 real?
_____

b) Três cédulas de 100 reais podem ser trocadas por quantas cédulas de 10 reais?
_____

Dicas
- Utilize as cédulas e moedas da página **A1** para auxiliar na atividade.
- Monte o envelope da página **A2** para guardar materiais.

4 Escreva os números correspondentes à quantidade de cubinhos em cada caso.

a)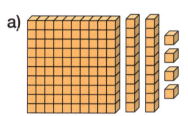
_____

b)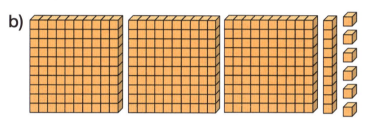
_____

5 No número 705, qual é o algarismo das dezenas? O que ele significa?
_____

6 Decomponha os números abaixo.

a) 249 = _____

b) 438 = _____

c) 783 = _____

d) 905 = _____

7 Observe o que Bruno está falando. Depois, escreva como é composto cada número abaixo.

a) 417 ▶ _____

b) 208 ▶ _____

c) 580 ▶ _____

> O número 348 é composto de 3 centenas, 4 dezenas e 8 unidades.

8 Lucas quer fazer pacotes com 1 centena de bandeirinhas. Quantos pacotes ele conseguirá fazer com 700 bandeirinhas? _____

9 Isabela quer fazer pilhas com 1 dezena de cubos. Quantas pilhas ela conseguirá fazer com 90 cubinhos? _____

vinte e um

10 O gráfico ao lado apresenta a quantidade de títulos do Campeonato Brasileiro de Futebol da Série A conquistados por times dos estados de Minas Gerais, Paraná, Rio de Janeiro, Rio Grande do Sul e São Paulo, de 1989 a 2018.

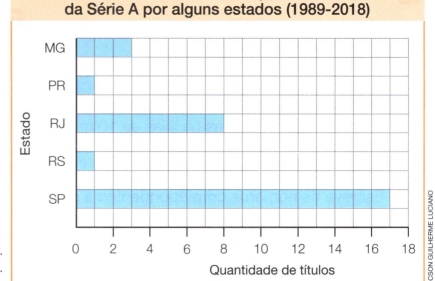

Dados obtidos em: <https://www.campeoesdofutebol.com.br/brasileiro.html>. Acesso em: 10 jul. 2019.

- Agora, responda às questões.

    a) Qual dos estados obteve mais de uma dezena de títulos nesse campeonato, de 1989 a 2018? _____

    b) Podemos afirmar que os estados do Rio de Janeiro, de Minas Gerais e do Rio Grande do Sul, juntos, obtiveram mais de uma dezena de títulos?
    _____

11 Mário está brincando de batalha naval com seu colega. Observe a legenda, o controle de tiros certos de Mário (marcados com um **X**) e determine quantos pontos ele fez.

Mário fez _____ pontos.

12 Observe o alvo ao lado.

a) Os dardos azuis no alvo são de Ana.

Quantos pontos ela obteve? _____

b) O jogador que lançou os dardos vermelhos no alvo fez 136 pontos? Justifique.

_____

3 Números que indicam ordem

Aprendendo

1 Há números que dão a ideia de ordem, posição ou lugar. Leia as informações.

Emerson Fittipaldi foi o **primeiro** brasileiro a tornar-se campeão mundial de Fórmula 1.

O Brasil é o **quinto** maior país do mundo em superfície.

Fonte: FERREIRA, Graça Maria Lemos. *Atlas geográfico*: espaço mundial. 4. ed. São Paulo: Moderna, 2013.

Luciana recebeu seu **décimo terceiro** salário.

Observe as formas de representar números que indicam ordem.

- Ana chegou em **segundo** lugar na corrida.
- Ana chegou em **2º** lugar na corrida.
- Agora, em seu caderno, escreva de duas formas a posição em que Iaci e Isabela chegaram.

vinte e três **23**

Veja alguns números que indicam ordem.

1º – primeiro	9º – nono	30º – trigésimo
2º – segundo	10º – décimo	40º – quadragésimo
3º – terceiro	11º – décimo primeiro	50º – quinquagésimo
4º – quarto	12º – décimo segundo	60º – sexagésimo
5º – quinto	13º – décimo terceiro	70º – septuagésimo
6º – sexto	20º – vigésimo	80º – octogésimo
7º – sétimo	25º – vigésimo quinto	90º – nonagésimo
8º – oitavo	26º – vigésimo sexto	100º – centésimo

Praticando

1 Escreva por extenso a classificação de cada um dos ciclistas a seguir.

a) 81º

c) 34º

b) 52º

d) 101º

2 Qual é a cor da camiseta do quinto menino da fila? _____

3 Leia cada uma das informações. As respostas devem ser por extenso e com números que indicam ordem.

a) No teste de seleção de uma escola de música, 73 alunos classificaram-se em uma posição melhor que a de Ivan. Qual é a posição de Ivan?

_____

b) Já chegaram à escola 85 alunos. O próximo aluno a chegar ocupará qual posição?

_____

c) No refeitório da escola, 146 crianças já receberam a refeição. Qual será a próxima criança a receber refeição?

_____

4 Observe a posição dos meninos na ilustração. Preencha a tabela, marcando com um **X**, conforme a frase "Chegou antes de".

Chegou antes de ↱	Bruno	André	Carlos	Mário	Fábio	Lino
Bruno	■					
André		■				
Carlos			■			
Mário				■		
Fábio					■	
Lino						■

5 Os atletas abaixo foram os quatro primeiros colocados em uma prova de ciclismo. Leia as dicas que eles deram e escreva, em seu caderno, a colocação de cada um nessa prova.

4 Números de 4 algarismos

Aprendendo

No sistema de numeração decimal **um milhar** corresponde a **1 000 unidades**.

> 1 milhar = 1 000 unidades = 100 dezenas = 10 centenas

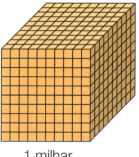
1 milhar

Veja, ao lado, a representação da unidade de milhar no ábaco e no quadro de ordens.

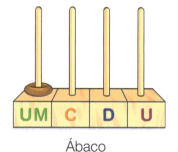

Ábaco | Quadro de ordens

UM	C	D	U
1	0	0	0

Observe a representação dos números 1 468 e 2 965 no ábaco e no quadro de ordens.

- O número 1 468 (lemos: um mil quatrocentos e sessenta e oito) pode ser decomposto da seguinte maneira:

  1 468 = 1 000 + 400 + 60 + 8

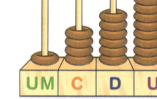

UM	C	D	U
1	4	6	8

- O número 2 965 (lemos: dois mil novecentos e sessenta e cinco) pode ser decomposto da seguinte maneira:

  2 965 = 2 000 + 900 + 60 + 5

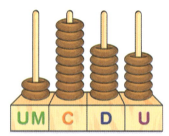

UM	C	D	U
2	9	6	5

Praticando

1 Escreva os números formados por:

a) 3 unidades de milhar, 5 centenas, 4 dezenas e 6 unidades ▶ _____

b) 7 unidades de milhar, 6 centenas e 3 unidades ▶ _____

c) 8 unidades de milhar e 4 dezenas ▶ _____

2 Complete o quadro e, depois, escreva os números por extenso.

	Unidades de milhar	Centenas	Dezenas	Unidades
1 247	1	2	4	7
2 508				
9 385				

a) 1 247 ▸ _____

b) 2 508 ▸ _____

c) 9 385 ▸ _____

3 Escreva por extenso o número representado em cada ábaco.

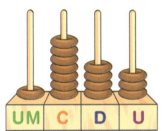 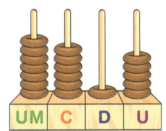 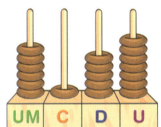

_____   _____   _____

_____   _____   _____

_____   _____   _____

4 Veja como Ana decompôs o número 2 365.

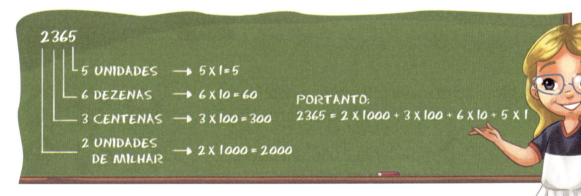

- Agora, faça como Ana e decomponha os números.

a) 1 054 = _____

b) 3 418 = _____

c) 5 326 = _____

5 Na fábrica de brinquedos em que Alice trabalha, cada tipo de brinquedo é embalado em caixas com 1 000 unidades cada uma.

a) Se Alice tem 6 000 apitos para embalar, de quantas caixas ela vai precisar?

_____

b) E se Alice tiver 9 caixas, quantas petecas ela poderá embalar?

_____

6 Escreva os números representados em cada caso.

a)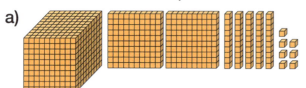

c)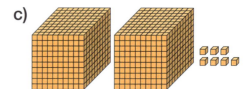

b)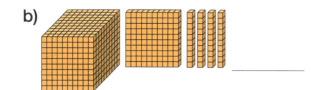

d)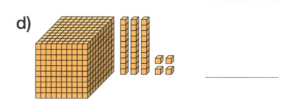

7 Almir representou, de maneira diferente, a quantidade de casas populares construídas em seu bairro.

Sabendo que cada representa 1 000 unidades, descubra quantas casas foram construídas.

_____

8 Dez cédulas de 100 reais podem ser trocadas por quantas moedas de 1 real?

_____

5 Números de 5 algarismos

Aprendendo

A dezena de milhar

1. Observe esta situação.

Veja alguns modos de representar o número 10 000 ou a dezena de milhar.

Observe que:

- 1 dezena de milhar são 10 unidades de milhar ou 100 centenas ou 1 000 dezenas ou 10 000 unidades.
- 5 dezenas de milhar são 50 unidades de milhar ou 500 centenas ou 5 000 dezenas ou 50 000 unidades.

Números até 99 999

1. Leia a notícia a seguir.

ESPORTE

A segunda partida entre Bahia e Sampaio Corrêa, realizada no final da Copa do Nordeste 2018, em Salvador-BA, recebeu um público de 45 378 torcedores.

Veja alguns modos de representar a quantidade de torcedores que compareceram a essa partida.

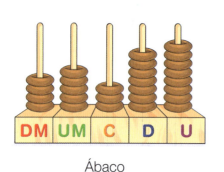

Ábaco

Ábaco
Neste jogo, você terá de descobrir a representação correta para concluir as fases.

DM	UM	C	D	U
4	5	3	7	8

Quadro de ordens

Quarenta e cinco mil trezentos e setenta e oito

Por extenso

Observe como podemos decompor o número 45 378.

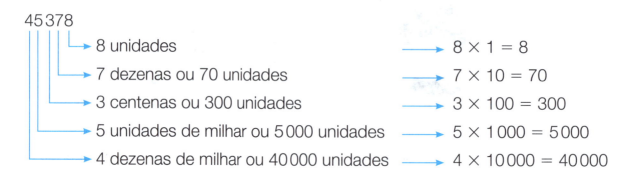

45 378
- 8 unidades → 8 × 1 = 8
- 7 dezenas ou 70 unidades → 7 × 10 = 70
- 3 centenas ou 300 unidades → 3 × 100 = 300
- 5 unidades de milhar ou 5 000 unidades → 5 × 1 000 = 5 000
- 4 dezenas de milhar ou 40 000 unidades → 4 × 10 000 = 40 000

Portanto:
45 378 = 4 × 10 000 + 5 × 1 000 + 3 × 100 + 7 × 10 + 8 × 1

Praticando

1 Escreva por extenso o número representado em cada ábaco.

a)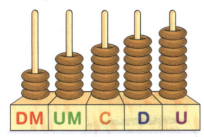

b)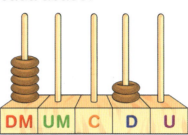

_____

_____

2 Lucas e Mário construíram estruturas diferentes usando blocos coloridos. Para cada bloco foi atribuído um valor de acordo com sua cor. Observe o código de pontuação abaixo e faça o que se pede.

 10 000   100   1

 1 000   10

a) Determine o total de pontos das estruturas construídas por cada um. _____

_____

b) Qual é o menor número de blocos de cada cor que Lucas e Mário deveriam utilizar para montar uma estrutura que correspondesse a um total de 25 064 pontos?

_____

_____

3 Quanto vale o algarismo 7 em cada um dos números a seguir?

a) 44 372 ▶ _____   c) 97 006 ▶ _____

b) 75 111 ▶ _____   d) 89 798 ▶ _____

4 Decomponha cada número abaixo por meio de diferentes adições e multiplicações.

a) 32 064 = _____

b) 46 302 = _____

6 Comparando números

Aprendendo

1 Em uma concessionária de automóveis há dois modelos de carros em promoção.

- Qual dos carros é o mais barato?

Para responder a essa pergunta, Lucas, Isabela e Bruno compararam o valor dos algarismos de mesma ordem dos números que indicam os preços.

Comparei as dezenas de milhar e verifiquei que os dois números têm 3 dezenas de milhar.

Comparei as unidades de milhar e verifiquei que os dois números têm 5 unidades de milhar.

Comparei as centenas e verifiquei que, no número 35 858, há 8 centenas e, no número 35 429, há 4 centenas.

Podemos comparar o preço dos carros usando o sinal > (maior que) ou o sinal < (menor que):

$$35\,858 > 35\,429 \text{ ou } 35\,429 < 35\,858$$

Portanto, o carro de cor preta é mais barato que o carro de cor vermelha.

Praticando

1 Compare os números abaixo e complete os espaços usando os sinais > ou <.

a) 1 562 _____ 15 602   c) 71 225 _____ 71 221   e) 98 787 _____ 98 887

b) 52 015 _____ 51 988   d) 38 882 _____ 38 828   f) 68 343 _____ 68 433

2 Considere os números escritos nas placas.

46 402   53 167   46 401   46 411   46 213

- Agora, escreva esses números em ordem crescente utilizando o sinal < (menor que).

_____

3 Marque com um **X** as sentenças verdadeiras.

☐ 10 000 > 1 000   ☐ 25 897 > 25 895

☐ 10 100 < 10 010   ☐ 40 004 < 4 004

4 Reúna-se com um colega e observem o alvo em que Roberto, Pedro e Milena atiraram dardos coloridos.

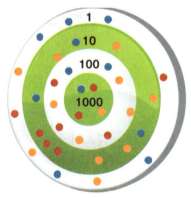

- Sabendo que as marcas representadas no alvo indicam o local onde cada um acertou, respondam às questões.

a) Se as marcas vermelhas correspondem aos acertos de Milena, as laranja aos acertos de Pedro, e as azuis, aos acertos de Roberto, quantos pontos cada um fez?

_____

_____

b) Quem fez menos pontos? E quem fez mais pontos? _____

7 Números na reta numérica

Aprendendo

Veja como Mário fez para representar alguns números na reta numérica.

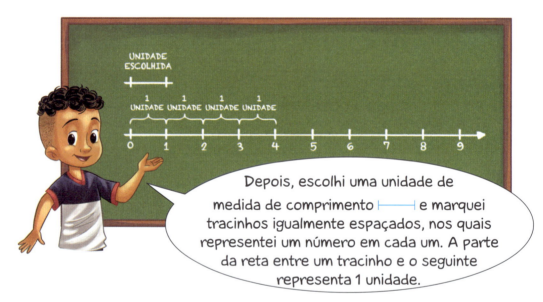

- Adotando o ⊢—⊣ correspondendo a 1 unidade, representamos na reta numérica abaixo os números 0, 1, 3, 4, 7, 9 e 10.

- Usando ⊢—⊣ correspondendo a 10 unidades, representamos na reta numérica abaixo os números 0, 10, 40, 60, 90 e 110.

Um *site* foi visitado por 18 238 pessoas. Mário e Iaci representaram esse número em uma reta numérica na qual a distância entre um tracinho e o seguinte corresponde a 100 unidades.

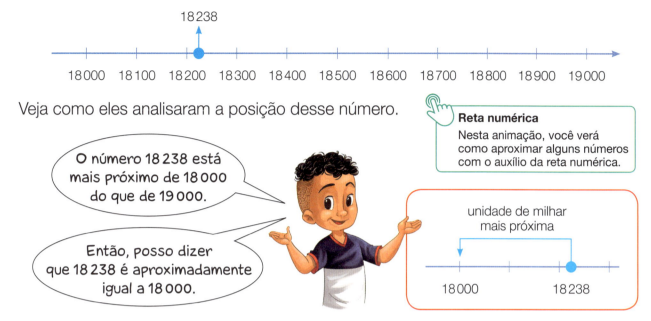

Veja como eles analisaram a posição desse número.

Reta numérica
Nesta animação, você verá como aproximar alguns números com o auxílio da reta numérica.

O número 18 238 está mais próximo de 18 000 do que de 19 000.

Então, posso dizer que 18 238 é aproximadamente igual a 18 000.

De acordo com Mário, aproximadamente 18 000 pessoas visitaram o *site*.

O número 18 238 está mais próximo de 18 200 do que de 18 300.

Então, posso dizer que 18 238 é aproximadamente igual a 18 200.

De acordo com Iaci, aproximadamente 18 200 pessoas visitaram o *site*.

Praticando

1 Observando as análises da situação acima, quem obteve a melhor aproximação para o número de visitantes do *site*? Por quê? Converse com os colegas sobre isso.

2 Escreva em cada reta numérica os números que faltam.

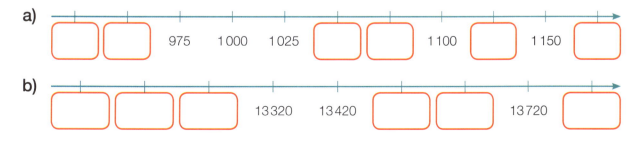

trinta e cinco 35

3 Represente na reta numérica abaixo os números 9 990, 9 992, 9 996, 9 999 e 10 000.

9 994

4 Indique nas retas numéricas abaixo a centena mais próxima e a unidade de milhar mais próxima do número destacado.

a)

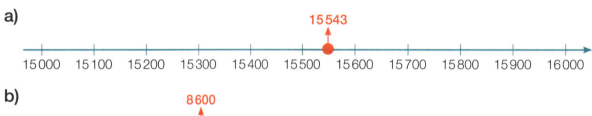

b)

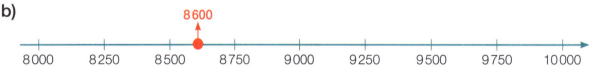

5 Arredonde o número 26 784 para:

a) a dezena mais próxima. _____

b) a centena mais próxima. _____

c) a unidade de milhar mais próxima. _____

d) a dezena de milhar mais próxima. _____

> **Reta numérica**
> Nesta atividade, você terá de localizar alguns números na reta numérica.

6 André trabalha em uma cantina, onde vende docinhos feitos por Flávia.

Na semana passada, fiz 1 732 docinhos.

Desses docinhos, vendi 1 275.

a) Arredonde o número de docinhos produzidos e vendidos para a unidade de milhar mais próxima e determine quantos docinhos, aproximadamente, não foram vendidos.

_____

b) Agora, com uma calculadora, determine a quantidade exata de docinhos que não foram vendidos. _____

c) Você acha que o valor aproximado encontrado no item **a** foi adequado para representar a quantidade de docinhos não vendidos? Como você poderia melhorar a aproximação feita no item **a**? Converse sobre isso com os colegas.

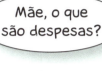

Educação financeira **Despesas**

Observe o diálogo entre Amanda e sua mãe.

Mãe, o que são despesas?

Despesas, por exemplo, são os gastos que temos para manter o funcionamento e a estrutura da nossa casa.

📖 Sugestão de leitura

Almanaque Maluquinho: Pra que dinheiro?, de Ziraldo. Leia mais informações sobre esse livro na página 356.

Para calcular as despesas mensais de uma família, devemos considerar gastos com:

- ✓ Moradia
- ✓ Transporte
- ✓ Lazer
- ✓ Alimentação
- ✓ Saúde

Além deles, não podemos deixar de lado os pequenos gastos do dia a dia.

Precisamos ficar atentos e fazer planejamento financeiro para não entrarmos em dívidas e economizarmos!

Dica
Gastar menos do que se ganha é importante para uma vida financeira saudável.

Agora é com você!

- Faça, no caderno, uma lista das despesas que sua família pode ter.

Refletindo

a) Converse com os colegas e o professor sobre as despesas apresentadas na lista que você fez.

b) No dia a dia das pessoas que moram com você, é costume planejar financeiramente antes de fazer alguma despesa?

c) Você acredita que é importante gastar menos do que se ganha? Por quê?

Tratando a informação
Escrever textos com base em gráficos e tabelas

1 Saúde, Educação, Segurança ou Transporte? A prefeitura de determinada cidade fez uma pesquisa com alguns habitantes para saber qual desses serviços públicos está precisando mais de melhorias. O gráfico de barras verticais a seguir mostra o resultado dessa pesquisa.

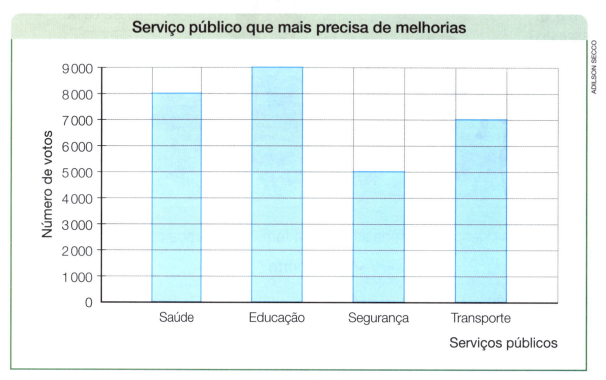

Dados obtidos pela prefeitura, em abril de 2019.

a) Analise o gráfico e responda: quantos habitantes participaram da pesquisa:

mais ou menos de 36 000 habitantes? _____

b) Converse com os colegas e responda.
- Você acha que a prefeitura dessa cidade vai destinar mais recursos para qual desses serviços públicos? E menos recursos? Por quê?
- Se essa pesquisa fosse realizada com habitantes de outra cidade, o resultado teria sido o mesmo?
- Qual serviço público da sua cidade precisa mais de melhorias? Por quê?

c) Escreva em seu caderno um pequeno texto dando a sua opinião sobre os serviços públicos da sua cidade que mais precisam de melhorias. Compare com os resultados mostrados no gráfico.

2 Joana, Lúcia e Marta fazem tapetinhos de tricô. Observe a tabela que mostra a produção mensal de cada uma delas.

Produção mensal das artesãs	
Artesã	Número de tapetinhos produzidos
Joana	90
Lúcia	125
Marta	133

Dados obtidos por Joana, Lúcia e Marta, em julho de 2019.

Agora, veja a tabela que mostra a produção mensal de tapetinhos de tricô de algumas indústrias.

Produção mensal de tapetinhos de tricô de algumas indústrias			
Indústria	Tricô Redondo	Tricô Quadrado	Tricô Estrelado
Número de tapetinhos produzidos	73 000	31 000	85 500

Dados obtidos pelas indústrias Tricô Redondo, Tricô Quadrado e Tricô Estrelado, em julho de 2019.

- Analise as informações sobre a produção de tapetinhos das artesãs e das indústrias. Com base nessa análise, escreva um texto que apresente uma comparação entre essas produções.

trinta e nove

Praticando mais

1 Reescreva o número abaixo utilizando os símbolos do sistema de numeração egípcio.

972 ▶

2 Que horas está marcando cada um destes relógios?

a)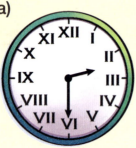

b)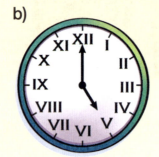

c)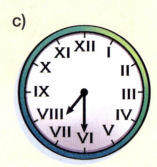

_____

_____

_____

3 Utilizando o nosso sistema de numeração, escreva os números representados pelos símbolos romanos.

a) CMXXX: _____   b) MCDX: _____

4 Quantas cédulas de 10 reais são necessárias para compor cada uma destas quantias?

a) 250 reais ▶ _____   c) 1 010 reais ▶ _____

b) 580 reais ▶ _____   d) 6 780 reais ▶ _____

5 Complete as frases abaixo.

a) 4 008 tem _____ dezenas.   d) 7 865 tem _____ dezenas.

b) 5 496 tem _____ centenas.   e) 3 000 tem _____ unidades.

c) 6 004 tem _____ unidades.   f) 9 035 tem _____ dezenas.

6 Quantas unidades vale o algarismo 9 em cada um dos números abaixo?

a) 92   b) 1 972   c) 9 008

7 Reúna-se com um colega e respondam às perguntas de Mário, Isabela e Bruno.

8 Identifique o número representado em cada ábaco.

a)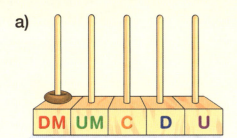

c)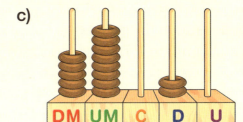

b)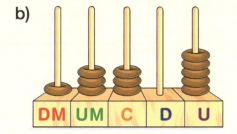

d)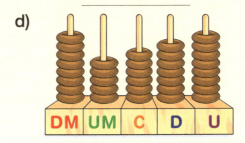

- Agora, decomponha cada um dos números representados acima utilizando diferentes adições e multiplicações.

quarenta e um 41

9 Leia as frases a seguir e marque com um **X** as verdadeiras.

☐ O número 25 331 é menor que o número 24 133.

☐ O número 11 110 está à direita do número 11 100 na reta numérica.

☐ O número 34 995 é menor do que o número 34 993.

☐ O número 98 345 está à esquerda do número 98 978 na reta numérica.

10 Descubra o número correspondente aos pontos *A*, *B*, *C* e *D* em cada reta numérica.

a)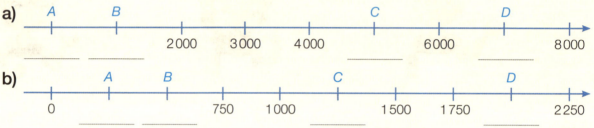

b)

11 A distância entre Rio de Janeiro (Brasil) e Pequim (China) é de, aproximadamente, 17 322 quilômetros.

Fonte: IBGE. *Atlas geográfico escolar*. 6. ed. Rio de Janeiro: IBGE, 2012.

- Arredonde esse número para:

    a) a dezena mais próxima. _____

    b) a centena mais próxima. _____

    c) a unidade de milhar mais próxima. _____

    d) a dezena de milhar mais próxima. _____

Desafio

Luís numerou seu caderno da página 1 à página 110. Quantos algarismos ele escreveu para fazer essa numeração?

42 quarenta e dois

UNIDADE 2
Adição e subtração

Trocando ideias

1. Alexandre gostaria de ter um pé de lichia e uma jabuticabeira, 2 mudas de jasmim-cata-vento e 3 mudas de rosa-do-deserto na casa em que mora. Se o pai dele fizer a compra, dando 4 cédulas de 100 reais para fazer o pagamento, quanto ele receberá de troco?
2. Com 100 reais poderiam ser comprados 3 produtos juntos. Quais?

1 Situações de adição

🎓 Aprendendo

1 Uma loja de brinquedos vendeu 356 bicicletas em janeiro e 412 em fevereiro.

Nesses dois meses essa loja vendeu 768 bicicletas.

Podemos representar essa ideia de duas maneiras. Observe.

$$356 + 412 = 768 \quad \text{ou} \quad \begin{array}{r} 3\,5\,6 \\ +\,4\,1\,2 \\ \hline 7\,6\,8 \end{array}$$

Os termos da adição são:

$$\begin{array}{r} 3\,5\,6 \\ +\,4\,1\,2 \\ \hline 7\,6\,8 \end{array} \begin{array}{l} \leftarrow \text{parcela} \\ \leftarrow \text{parcela} \\ \leftarrow \text{soma ou total} \end{array}$$

> **Cuidado!**
> Não confunda **adição** com **soma**. Adição é a operação, e soma é o resultado dessa operação.

2 O time SADA Cruzeiro conquistou o campeonato da Superliga Masculina de Vôlei 2017/2018, no ginásio do Mineirinho, em Belo Horizonte.

O primeiro jogo dessa decisão foi em São Paulo e teve um público de 10 010 pessoas. No segundo jogo, o público foi de 14 800 pessoas. Essa decisão teve um público total de 24 810 pessoas.

Podemos representar essa ideia de duas maneiras. Veja.

$$10\,010 + 14\,800 = 24\,810 \quad \text{ou} \quad \begin{array}{r} 1\,0\,0\,1\,0 \\ +\,1\,4\,8\,0\,0 \\ \hline 2\,4\,8\,1\,0 \end{array}$$

Praticando

1 Uma fábrica de tapetes artesanais produziu 334 unidades no primeiro semestre e 560 unidades no segundo semestre. Qual foi o total de tapetes produzidos nesses dois semestres? Calcule mentalmente e registre o resultado. _____

2 Leia o diálogo entre Adriana e Bianca e responda à questão.

- Quantos brigadeiros Adriana e Bianca fizeram ao todo? _____

3 Efetue mentalmente as adições e registre os resultados.

a) 70 + 20 = _____

b) 200 + 300 = _____

c) 30 + 50 = _____

d) 300 + 400 = _____

e) 10 + 60 = _____

f) 500 + 300 = _____

g) 100 + 90 = _____

h) 1 200 + 600 = _____

4 Complete o quadro abaixo, determinando quantos pontos obtiveram Igor, Franco e Sílvio no jogo de dardos.

Igor	___ + ___ + ___ = ___
Franco	___ + ___ + ___ = ___
Sílvio	___ + ___ + ___ = ___

quarenta e cinco 45

2 Adição

Aprendendo

A dona da cantina de uma escola faz diariamente o registro do número de latas de alumínio e de garrafas PET recolhidas na coleta seletiva.

Para determinar o total de material reciclável recolhido em um dia, podemos calcular o resultado da adição 457 + 286 usando o ábaco.

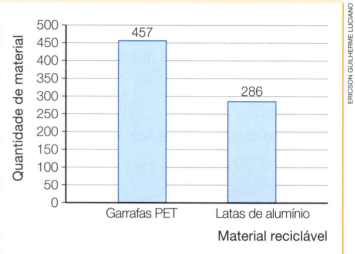

Quantidade de material reciclável recolhido em um dia

Dados obtidos pela cantina da escola, em junho de 2019.

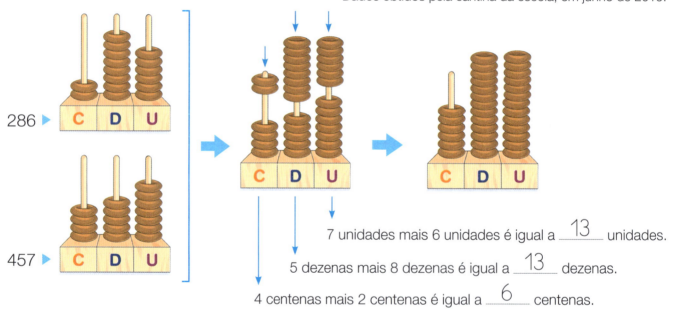

286 ▶

457 ▶

7 unidades mais 6 unidades é igual a __13__ unidades.

5 dezenas mais 8 dezenas é igual a __13__ dezenas.

4 centenas mais 2 centenas é igual a __6__ centenas.

Trocamos 10 unidades por 1 dezena.

Em seguida, trocamos 10 dezenas por 1 centena.

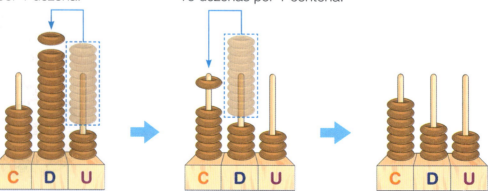

46 quarenta e seis

Agora, observe o mesmo cálculo com o algoritmo usual.

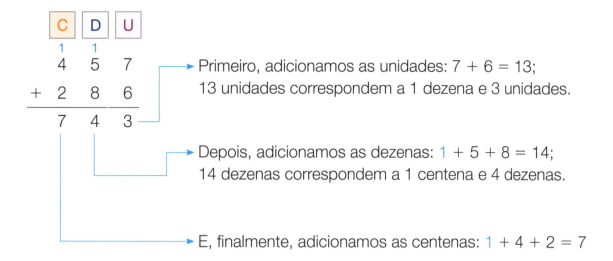

Assim: 457 + 286 = 743

Portanto, foram recolhidas na cantina da escola, nesse dia, 743 unidades de material reciclado.

1. Em um mercado foram vendidos, no mês de novembro, 1 835 itens e, em dezembro, 2 290 itens.

Para obter o total de itens vendidos nesses dois meses, adicionamos 1 835 com 2 290. Utilizando o algoritmo usual, temos:

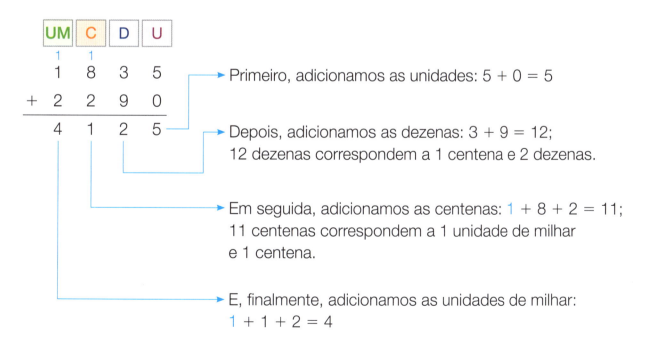

Assim: 1 835 + 2 290 = 4 125

Portanto, nesses dois meses, foram vendidos 4 125 itens pelo mercado.

Observe as adições a seguir.

546 + 127 = 673

$$\begin{array}{r} \overset{1}{}5\ 4\ 6 \\ +\ 1\ 2\ 7 \\ \hline 6\ 7\ 3 \end{array}$$

$$\begin{array}{r} 500 + 40 + 6 \\ +\ 100 + 20 + 7 \\ \hline 600 + 60 + 13 = 673 \end{array}$$

C	D	U
	1	
5	4	6
+1	2	7
6	7	3

464 + 373 + 125 = 962

$$\begin{array}{r} \overset{1}{}\overset{1}{} \\ 4\ 6\ 4 \\ 3\ 7\ 3 \\ +\ 1\ 2\ 5 \\ \hline 9\ 6\ 2 \end{array}$$

$$\begin{array}{r} 400 + 60 + 4 \\ 300 + 70 + 3 \\ +\ 100 + 20 + 5 \\ \hline 800 + 150 + 12 = 962 \end{array}$$

C	D	U
1	1	
4	6	4
3	7	3
+1	2	5
9	6	2

Cuidado!

Primeiramente, adicionamos as **unidades**, depois as **dezenas** e, finalmente, as **centenas**.

Praticando

1 Efetue as adições a seguir.

a) 268 + 742 = _____

b) 352 + 864 = _____

c) 567 + 674 = _____

2 Efetue as adições, utilizando o algoritmo usual.

a) 357 + 218 = _____

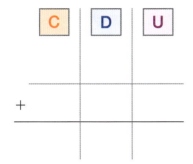

b) 186 + 315 = _____

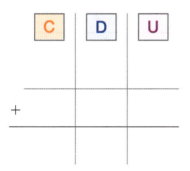

c) 532 + 245 + 178 = _____

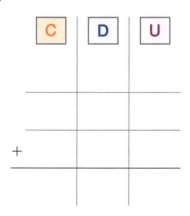

d) 648 + 315 = _____

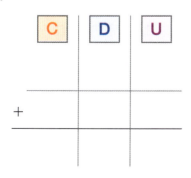

e) 706 + 478 = _____

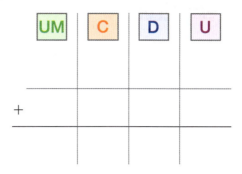

f) 345 + 786 = _____

g) 887 + 247 + 158 = _____

h) 845 + 983 = _____

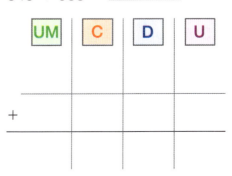

3 Adição com milhares

Aprendendo

Observe as duas adições a seguir.

3516 + 2173 = 5689

```
  3000 + 500 + 10 + 6
+ 2000 + 100 + 70 + 3
  ─────────────────────
  5000 + 600 + 80 + 9 = 5689
```

UM	C	D	U
3	5	1	6
+2	1	7	3
5	6	8	9

18 656 + 35 179 = 53 835

DM	UM	C	D	U
	1		1	1
1	8	6	5	6
+3	5	1	7	9
5	3	8	3	5

```
   10000 + 8000 + 600 + 50 + 6
 + 30000 + 5000 + 100 + 70 + 9
   ─────────────────────────────
   40000 + 13000 + 700 + 120 + 15 = 53835
```

Praticando

1 Efetue as adições a seguir, utilizando o algoritmo usual.

a) 7508 + 12 977 = _____

DM	UM	C	D	U
	7	5	0	8
+1	2	9	7	7

b) 87 658 + 3 987 = _____

DM	UM	C	D	U
8	7	6	5	8
+	3	9	8	7

c) 18 576 + 27 843 + 40 005 = _____

DM	UM	C	D	U
1	8	5	7	6
2	7	8	4	3
+ 4	0	0	0	5

d) 15 675 + 1 358 + 35 500 = _____

DM	UM	C	D	U
1	5	6	7	5
	1	3	5	8
+ 3	5	5	0	0

2 Indique o número que apareceria no visor de uma calculadora se fossem digitadas, após o número 256, as sequências de teclas de cada item.

a) + 1 0 0 0 = _____

b) + 3 5 0 0 = _____

c) + 4 5 1 3 = _____

• Agora, com o auxílio de uma calculadora, verifique suas respostas.

cinquenta e um 51

4 | Algumas propriedades da adição

Aprendendo

Comutativa

🟥 Um teatro possui 550 poltronas no piso inferior e 368 poltronas no piso superior. Quantas poltronas, ao todo, há nesse teatro?

Veja como Lucas e Isabela fizeram para calcular o total de poltronas do teatro.

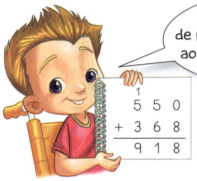

"Adicionei o número de poltronas do piso inferior ao número de poltronas do piso superior."

"Adicionei o número de poltronas do piso superior ao número de poltronas do piso inferior."

Há, ao todo, 918 poltronas nesse teatro.

Lucas e Isabela chegaram ao mesmo resultado. Observe que:

$$550 + 368 = 368 + 550$$

Em uma adição, a ordem das parcelas não altera a soma.

Associativa

🟥 Em um campeonato entre escolas, participaram 26 equipes de basquete, 14 de handebol e 28 de futebol. Quantas equipes participaram do campeonato?
Observe como Mário e Bruno fizeram para calcular o total de equipes.

"Adicionei o número de equipes de basquete com o número de equipes de handebol. Depois, adicionei esse resultado com o número de equipes de futebol."

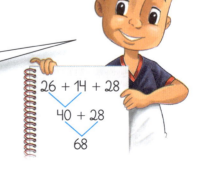

52 cinquenta e dois

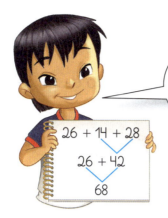

"Adicionei o número de equipes de handebol com o número de equipes de futebol. Depois, adicionei esse resultado com o número de equipes de basquete."

Portanto, 68 equipes participaram do campeonato.

Observe como podemos representar as adições de Mário e de Bruno.

Cálculo de Mário

(26 + 14) + 28 = 40 + 28 = 68

Cálculo de Bruno

26 + (14 + 28) = 26 + 42 = 68

Em uma adição com mais de duas parcelas, a soma não se altera quando se associam as parcelas, duas a duas, de modos diferentes.

Elemento neutro

Em uma gincana, a Equipe A obteve 450 pontos na primeira tarefa e, na segunda tarefa, não obteve nenhum ponto. A Equipe B não pontuou na primeira tarefa e obteve 450 pontos na segunda tarefa.

O total de pontos da Equipe A e o total de pontos da Equipe B nessas duas rodadas podem ser representados com uma adição. Observe.

Equipe A:
450 + 0 = 450
Equipe B:
0 + 450 = 450

Zero é o **elemento neutro** da adição, pois, quando adicionamos zero a um número, a soma não se altera.

cinquenta e três 53

Praticando

1 Veja como Beatriz e Allan pensaram para calcular o resultado da adição 1 412 + 906 + 2 330.

Beatriz: Adicionei 1 412 com 906, depois adicionei o resultado obtido com 2 330.

Allan: Eu adicionei, primeiramente, 906 com 2 330, depois adicionei o resultado obtido com 1 412.

a) Represente os cálculos de Beatriz e de Allan e o resultado obtido por eles.

_____

_____

b) O resultado foi o mesmo? Justifique sua resposta.

2 Faça os cálculos no caderno e, depois, registre aqui o resultado de cada adição.

a) 178 + 245 + 532 = _____

b) 247 + 887 + 158 = _____

c) 1 576 + 210 + 2 843 = _____

d) 1 234 + 1 321 + 445 = _____

3 Em uma escola, há 250 alunos no 2º ano, 322 alunos no 3º ano e 218 alunos no 4º ano. Quantos alunos há, ao todo, nesses três anos? _____

4 Calcule mentalmente o resultado de cada adição e registre.

a) 17 + 3 + 24 + 6 = _____

b) 2 + 999 + 1 + 8 = _____

c) 166 + 285 + 134 + 515 = _____

d) 1 237 + 123 + 640 + 7 = _____

• Agora, explique a um colega como você pensou para calcular as adições.

5 Efetue, aplicando a propriedade associativa.

a) 58 + 25 + 15 = _____

b) 48 + 12 + 40 = _____

c) 120 + 57 + 80 = _____

d) 115 + 30 + 53 = _____

Resolvendo problemas

Observe a cena. Cláudio precisa transportar as cinco caixas em seu reboque que suporta, no máximo, 1 000 quilogramas. Para fazer apenas duas viagens, como ele deve transportar essas caixas?

6 Em uma partida de futebol, havia 23 184 torcedores na cadeira inferior e 18 245 torcedores na cadeira superior. Ao todo, quantos torcedores havia nas cadeiras?

Ao todo, havia _____ torcedores nas cadeiras.

7 Efetue as adições a seguir, utilizando as propriedades já estudadas.

a) 0 + 10 + 30 + 50 =

c) 0 + 20 + 40 + 60 =

b) 100 + 200 + 300 =

d) 10 + 30 + 90 + 70 =

8 Agora, utilizando as propriedades conhecidas, efetue de maneira simples a adição abaixo.

$$0 + 10 + 20 + 30 + 40 + 50 + 60 =$$

cinquenta e cinco

5 Problemas envolvendo adição

🎓 Aprendendo

Para resolver um problema, siga os passos a seguir.

> 1º) Leia o problema atentamente.
> 2º) Verifique quais são os dados apresentados.
> 3º) Verifique o que é perguntado.
> 4º) Releia o problema, procurando descobrir quais operações devem ser feitas.
> 5º) Arme a sentença matemática e resolva-a.
> 6º) Escreva a resposta.

Dica
Não se esqueça de revisar atentamente sua solução.

Em uma competição de surfe, a equipe Alfa foi formada por Carlão, Juninho e Beto. Observe a quantidade de pontos que cada um obteve em uma prova.

Carlão	340
Juninho	185
Beto	243

• Qual foi o total de pontos da equipe Alfa?

340 + 185 + 243 = 768

```
  1
  3 4 0
  1 8 5
+ 2 4 3
-------
  7 6 8
```

O total de pontos da equipe Alfa foi 768.

Praticando

1 Na padaria em que Joana trabalha, foram produzidos 320 empadas, 194 quibes e 276 esfirras no mês passado. Nesse período, quantos salgados foram produzidos nessa padaria?

Nesse período, foram produzidos _____ salgados.

2 Mário está jogando *videogame*. Veja no quadro ao lado a quantidade de pontos que ele fez em cada uma das 4 fases. Quantos pontos Mário fez no total?

Fase	Pontos
1ª	95
2ª	88
3ª	70
4ª	84

Mário fez _____ pontos no total.

3 Carol decidiu comprar para sua escola todos os equipamentos que aparecem no catálogo ao lado. Quanto ela gastou?

R$ 499,00   R$ 689,00
R$ 1 290,00   R$ 974,00

Carol gastou _____ reais.

4 Observe os preços dos produtos e, depois, faça o que se pede.

CELULAR R$ 504,00   GPS R$ 397,00

a) Estime mentalmente quantos reais seriam necessários para comprar os dois aparelhos.

_____

b) Agora, faça o cálculo exato e compare-o com sua estimativa.

_____

cinquenta e sete 57

5 Plínio passou o fim de semana na cidade turística Pé da Serra, que fica a 186 quilômetros de distância de sua casa. Ao sair de casa, o marcador do carro registrava a seguinte quilometragem:

Complete o marcador abaixo com a quilometragem indicada quando Plínio chegou à cidade turística.

6 Observe o alvo ao lado e faça o que se pede.

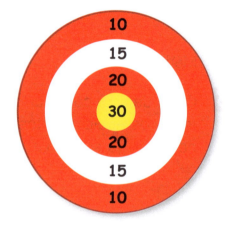

a) Qual é o número máximo de pontos que pode ser obtido em 4 tiros?

_____

b) Indique uma possibilidade de obter 70 pontos com apenas 3 tiros.

_____
_____

c) Dê três formas diferentes de obter mais de 70 pontos com 3 tiros.

_____
_____

7 Calcule mentalmente e registre os resultados.

a) 3 000 + 4 000 = _____

b) 12 000 + 20 000 = _____

c) 5 000 + 3 000 = _____

d) 30 000 + 4 000 = _____

e) 1 000 + 6 000 = _____

f) 50 000 + 18 000 = _____

g) 4 000 + 36 000 = _____

h) 9 000 + 5 000 = _____

8 Uma livraria recebeu sete caixas com livros. Observe a ilustração e registre nos quadros quantos livros de cada disciplina havia em cada caixa.

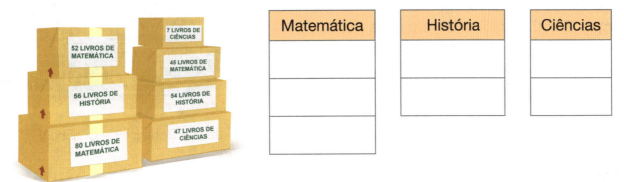

- Agora, responda.

  Quantos livros a livraria recebeu no total?

  A livraria recebeu, no total, _____ livros.

9 Um pedreiro levou três dias para fazer um muro. No primeiro dia, ele assentou 560 tijolos; no segundo dia, 1 080 tijolos e, no terceiro dia, a soma dos dois primeiros dias. Responda.

a) Quantos tijolos o pedreiro assentou no terceiro dia?

No terceiro dia, o pedreiro assentou _____ tijolos.

b) Quantos tijolos ele utilizou, ao todo, nesse muro?

Ele utilizou, ao todo, _____ tijolos nesse muro.

10 Em uma quinta-feira, 1 536 pessoas visitaram o Jardim Botânico de Curitiba, um dos principais pontos turísticos da cidade. No dia seguinte, mais 2 450 pessoas fizeram essa visita. Quantas pessoas visitaram o Jardim Botânico nesses dois dias? Calcule mentalmente e registre o resultado.

_____

Jardim Botânico de Curitiba (PR), 2014.

6 Situações de subtração

Aprendendo

1 No pátio de uma indústria de automóveis, havia 8 350 veículos. Foi feita uma grande promoção, e foram vendidas 6 780 dessas unidades, restando apenas 1 570 veículos no pátio.

Vista aérea do pátio de uma indústria de automóveis no estado de São Paulo.

Podemos representar essa situação de duas maneiras. Observe.

$$8350 - 6780 = 1570 \quad \text{ou} \quad \begin{array}{r} \overset{12}{\overset{7\cancel{2}15}{8\cancel{3}\cancel{5}0}} \\ -\ 6\ 7\ 8\ 0 \\ \hline 1\ 5\ 7\ 0 \end{array} \begin{array}{l} \leftarrow \text{minuendo} \\ \leftarrow \text{subtraendo} \\ \leftarrow \text{resto ou diferença} \end{array}$$

O **minuendo** e o **subtraendo** são os termos da subtração. **Resto** ou **diferença** é o resultado da subtração.

> **Cuidado!**
> Não confunda **subtração** com **diferença**. Subtração é a operação, e diferença é o resultado dessa operação.

Observações

1. A subtração é a operação inversa da adição. A soma do resto com o subtraendo é igual ao minuendo. Veja.

2. Em uma subtração de números naturais, o minuendo é sempre maior que o subtraendo ou igual a ele.

---

1. Rafael foi à padaria comprar mortadela.

Na balança, há 420 gramas de mortadela.

Quantos gramas de mortadela faltam para a balconista completar a quantidade que Rafael pediu?

Para encontrar quantos gramas de mortadela faltam para completar a quantidade pedida por Rafael, podemos subtrair 420 de 500.

Podemos representar essa situação de duas maneiras. Veja.

$$500 - 420 = 80 \quad \text{ou} \quad \begin{array}{r} \overset{4\ 10}{\cancel{5}\cancel{0}\ 0} \\ -\ 4\ 2\ 0 \\ \hline 0\ 8\ 0 \end{array}$$

Portanto, faltam 80 gramas para completar a quantidade que Rafael pediu.

1. Pedro pesquisou o preço de uma televisão em duas lojas e encontrou os valores indicados nas vitrines a seguir.

Qual é a diferença de preço da televisão nessas duas lojas?

Para descobrir a diferença de preço da televisão nessas duas lojas, podemos subtrair 1 324 de 1 536, representando essa situação de duas maneiras:

1536 − 1324 = 212   ou
```
  1 5 3 6
− 1 3 2 4
---------
  0 2 1 2
```

Portanto, a diferença de preço da televisão nessas duas lojas é 212 reais.

Praticando

1 Calcule o resultado da subtração e responda às perguntas.

```
  8 6 5 7
− 4 5 1 5
---------
```

a) Qual é o minuendo dessa subtração? _____

b) Qual é o resto ou diferença entre os números? _____

c) Se aumentarmos o minuendo e o subtraendo em 2 unidades, qual será o novo resto ou diferença? _____

2 Se em uma subtração o minuendo for igual ao subtraendo, qual será o resto?

3 Complete o quadro ao lado.

Minuendo	Subtraendo	Resto
654	231	

4 Observe os índices pluviométricos registrados em uma cidade do Brasil no primeiro trimestre de 2019. Em quantos milímetros o índice pluviométrico de janeiro foi maior que o de março? _____

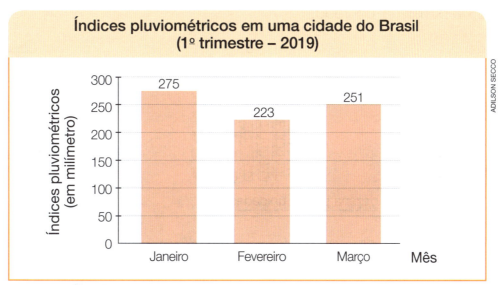

Registro de índice pluviométrico da cidade (1º trimestre – 2019).

5 Complete os quadrinhos a seguir, efetuando as subtrações.

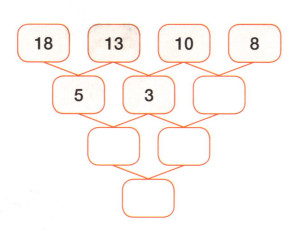

6 Calcule mentalmente e escreva a resposta no espaço abaixo. Em uma subtração em que o minuendo é 1 000 e o subtraendo é 600, qual é o resto? _____

7 Em seu caderno, invente um problema que envolva o significado de completar da subtração. Depois, troque-o com um colega, resolva o problema dele e peça a ele que resolva o seu.

7 Subtração

🎓 Aprendendo

Fabiana fez 55 pulseiras para vender. Ela já vendeu 28 dessas pulseiras. Quantas pulseiras ainda falta vender?

Para responder a essa pergunta, podemos subtrair 28 de 55 utilizando o material dourado.

Dica
Utilize o material dourado da página **A3**.

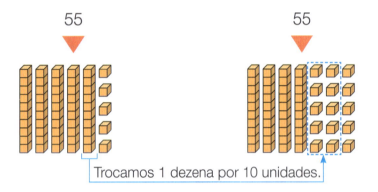

Trocamos 1 dezena por 10 unidades.

O resultado da subtração 55 − 28 também pode ser calculado com o algoritmo usual.

Observe que não podemos tirar 8 unidades de 5 unidades.

Então, trocamos 1 dezena por 10 unidades, ficando com 4 dezenas e 15 unidades.

Depois, subtraímos as unidades. Assim: 15 − 8 = 7. Em seguida, subtraímos as dezenas: 4 − 2 = 2.

Portanto, ainda falta vender 27 pulseiras.

1. Em uma maratona, inscreveram-se 324 atletas, entre homens e mulheres. Participaram dessa maratona 152 mulheres. Quantos homens participaram dessa maratona?

Para responder a essa pergunta, podemos subtrair 152 de 324 utilizando o ábaco.

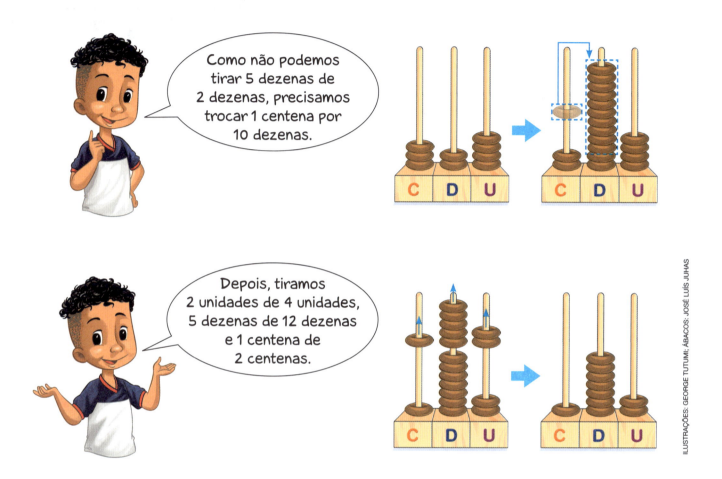

Como não podemos tirar 5 dezenas de 2 dezenas, precisamos trocar 1 centena por 10 dezenas.

Depois, tiramos 2 unidades de 4 unidades, 5 dezenas de 12 dezenas e 1 centena de 2 centenas.

Também podemos utilizar o algoritmo usual. Veja.

4 unidades − 2 unidades = 2 unidades

12 dezenas − 5 dezenas = 7 dezenas

2 centenas − 1 centena = 1 centena

Portanto, 172 homens participaram dessa maratona.

1 Para um *show* musical, foram vendidos 22 576 ingressos. Desses, 3 796 foram de meia-entrada. Quantos ingressos foram pagos integralmente?

Para responder a essa pergunta, devemos subtrair 3 796 de 22 576.

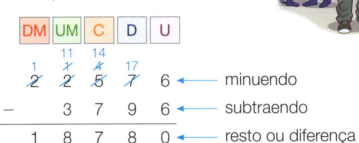

Usando o algoritmo usual, temos:

```
  DM UM  C  D  U
         11 14
      1  ̸1  ̸4  17
      ̸2  ̸2  ̸5  ̸7  6  ← minuendo
  -      3  7  9  6  ← subtraendo
      ─────────────
      1  8  7  8  0  ← resto ou diferença
```

Portanto, 18 780 ingressos foram pagos integralmente.

> **Lembre!**
>
> Em uma subtração, o número do qual se retira uma quantidade é chamado minuendo. A quantidade diminuída é chamada subtraendo, e o resultado da subtração chama-se resto ou diferença.

Observe estas subtrações.

426 − 82 = 344

```
    3 12
    ̸4 ̸2 6
  -    8 2
    ──────
    3 4 4
```

```
      300   120
      ̸400 + ̸20 + 6
    -      (80 + 2)
      ──────────────
      300 + 40 + 4 = 344
```

```
     C   D   U
     3  12
     ̸4  ̸2   6
  -      8   2
     ──────────
     3   4   4
```

745 − 286 = 459

```
      13
   6 ̸3 15
   ̸7 ̸4 ̸5
  -2  8  6
   ────────
   4  5  9
```

```
      600   130
            ̸30    15
      ̸700 + ̸40 + ̸5
    - (200 + 80 + 6)
      ──────────────
      400 + 50 + 9 = 459
```

```
     C   D   U
         13
     6  ̸3   15
     ̸7  ̸4   ̸5
  -  2   8   6
     ──────────
     4   5   9
```

> **Lembre!**
> Primeiramente, subtraímos as unidades, depois as dezenas e, por fim, as centenas.

Praticando

1 Efetue as subtrações.

a) 625 − 252 = _____

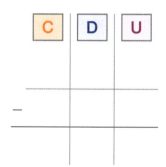

b) 384 − 198 = _____

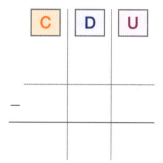

2 Efetue as subtrações abaixo.

a) 843 − 683 = _____

c) 678 − 387 = _____

b) 735 − 617 = _____

d) 945 − 309 = _____

sessenta e sete 67

3 O 4º ano A fez 1 685 bandeirinhas para a festa junina, e o 4º ano B, 994 bandeirinhas. Quantas bandeirinhas o 4º ano B fez a menos que o 4º ano A?

O 4º ano B fez _____ bandeirinhas a menos que o 4º ano A.

8 Subtração com milhares

🎓 Aprendendo

1 Observe as duas subtrações abaixo.

$4568 - 2372 = 2196$

```
  4 16
4 5̸ 6̸ 8
- 2 3 7 2
---------
  2 1 9 6
```

$$4000 + 500 + 60 + 8$$
$$-(2000 + 300 + 70 + 2)$$
$$2000 + 100 + 90 + 6 = 2196$$

(com 400 sobre 500 e 160 sobre 60)

UM	C	D	U
	4	16	
4	5̸	6̸	8
− 2	3	7	2
2	1	9	6

$50491 - 28356 = 22135$

```
  4 10   8 11
5̸ 0̸ 4 9̸ 1̸
- 2 8 3 5 6
------------
  2 2 1 3 5
```

$$50\,000 + 0 + 400 + 90 + 1$$
$$-(20\,000 + 8\,000 + 300 + 50 + 6)$$
$$20\,000 + 2\,000 + 100 + 30 + 5 = 22\,135$$

(com 40 000 e 10 000 sobre 50 000 e 0; 80 e 11 sobre 90 e 1)

DM	UM	C	D	U
4	10		8	11
5̸	0̸	4	9̸	1̸
− 2	8	3	5	6
2	2	1	3	5

Praticando

1 Efetue as subtrações abaixo.

a) 9084 − 7654 = _____

c) 10352 − 8793 = _____

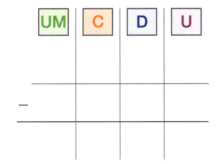
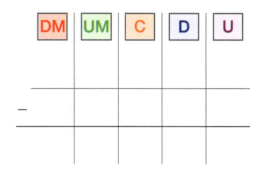

b) 13743 − 10589 = _____

d) 20132 − 18347 = _____

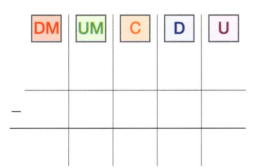
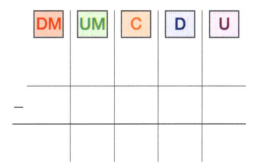

2 Efetue as subtrações.

a) 7843 − 6468 = _____

c) 50636 − 12746 = _____

b) 9053 − 5146 = _____

d) 65128 − 20315 = _____

3 Faça os cálculos e complete o quadro.

Minuendo	Subtraendo	Resto
863		345
	653	128

4 Faça os cálculos e complete.

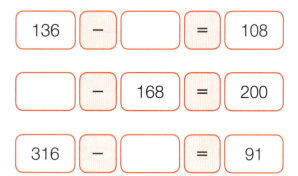

136 − ☐ = 108

☐ − 168 = 200

316 − ☐ = 91

5 Calcule o resultado de 285 + 746. Em seguida, subtraia 746 da soma obtida. Qual foi o resultado encontrado? _____

6 Reúna-se com um colega, descubram quais informações abaixo são verdadeiras e quais são falsas e, depois, justifiquem suas respostas.

a) Na adição 2 324 + 1 026 = 3 350, se trocarmos a ordem das parcelas, obteremos o mesmo resultado. _____

b) Na subtração 5 027 − 2 118 = 2 909, o número 2 118 é o minuendo. _____

c) Existem subtrações que, se trocarmos a ordem dos termos, obteremos o mesmo resultado. _____

9 Investigação com igualdades

🎓 Aprendendo

Observe duas situações com balanças em equilíbrio.

Situação 1

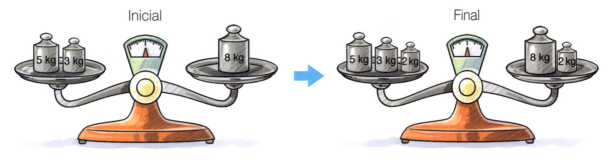

$5 + 3 = 8$
ou $8 = 8$

$5 + 3 + 2 = 8 + 2$
ou $8 + 2 = 8 + 2$
ou $10 = 10$

Situação 2

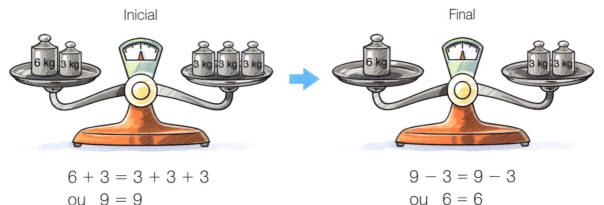

$6 + 3 = 3 + 3 + 3$
ou $9 = 9$

$9 - 3 = 9 - 3$
ou $6 = 6$

Na situação 1, os pratos da balança da representação final têm 2 kg a mais que na representação inicial; na situação 2, os pratos da balança da representação final têm 3 kg a menos que na representação inicial.

Podemos observar que nas duas situações as balanças permaneceram em equilíbrio.

Praticando

1 Observe as ilustrações acima e faça o que se pede.
- Se na representação final da balança da situação 1 retirarmos 2 kg do prato da esquerda e acrescentarmos 2 kg ao prato da direita, poderíamos escrever uma igualdade correspondente? Justifique sua resposta.

2 Determine a massa, em quilograma, de cada pesinho desconhecido para que as balanças fiquem equilibradas. Depois, escreva as igualdades correspondentes.

a)

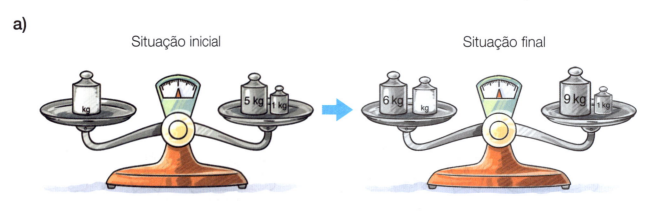

b)

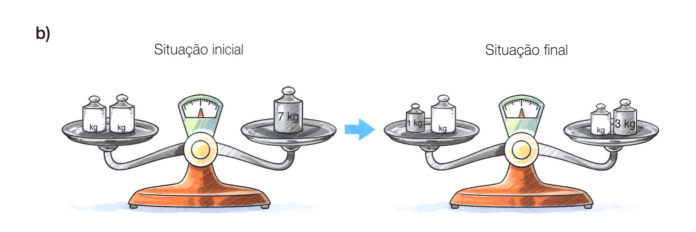

- Agora, reúna-se com um colega e conversem sobre o que ocorreu com cada igualdade da situação final em comparação com a igualdade da situação inicial.

3 Faça o que se pede em cada item e escreva a igualdade correspondente.

a) Adicione 4 aos dois membros da igualdade 9 + 5 = 14.

b) Subtraia 7 dos dois membros da igualdade 11 = 9 + 2.

c) Adicione três vezes um mesmo número aos dois membros da igualdade 4 = 3 + 1 e verifique se a igualdade permanece.

d) Subtraia um mesmo número menor ou igual a 5 dos dois membros da igualdade 15 + 3 = 18 e verifique se a igualdade permanecerá. Repita esse processo mais duas vezes e verifique novamente se a igualdade permanecerá.

10 Conferindo adições e subtrações

Aprendendo

◼ Observe como podemos verificar se a adição 45 + 33 = 78 está correta.

Ana e Bruno concluíram que a adição está correta, pois, ao subtrair da soma uma das parcelas, eles obtiveram a outra parcela.

◼ Veja como Isabela conferiu o resultado da subtração **450 − 230 = 220** de dois modos.

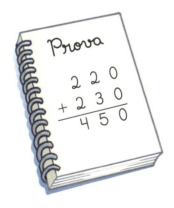 

Perceba que Isabela usou a adição como operação inversa da subtração. Ela também poderia ter feito outra subtração usando os mesmos números. Observe.

450 − 220 = 230

setenta e três

Praticando

1 Calcule o resultado das adições e confira sua resposta.

a) 285 + 746 = _____	Prova
b) 1 034 + 1 504 + 3 111 = _____	Prova
c) 2 054 + 1 059 + 846 = _____	Prova

2 Luana foi a uma loja de brinquedos com 200 reais. Ela gastou 124 reais e recebeu 86 reais de troco. Luana calculou o valor aproximado do troco e desconfiou que havia recebido o valor errado. Descubra se Luana estava certa calculando uma adição. Em caso positivo, calcule o troco correto.

Luana deveria ter recebido _____ reais de troco.

3 Calcule o resultado da subtração 4 768 − 3 978 e verifique se a resposta está correta.

4 Calcule o resultado das subtrações e confira sua resposta.

a) 997 − 345 = _____	Prova	c) 8000 − 3765 = _____	Prova
b) 4768 − 3979 = _____	Prova	d) 9503 − 7984 = _____	Prova

5 Reúna-se com um colega e descubram quais das informações abaixo são verdadeiras e quais são falsas.

a) Na subtração 5 027 − 2 118 = 2 909, também podemos inverter a ordem dos termos e o resto será o mesmo.

b) Existem subtrações que, se trocarmos a ordem dos termos, obteremos o mesmo resultado.

6 Faça arredondamentos para descobrir quais das operações abaixo estão incorretas.

a) 264 + 527 = 791

b) 482 + 335 = 857

c) 623 − 256 = 467

d) 869 − 371 = 498

- Agora, verifique sua resposta utilizando a operação inversa.

11 Expressões numéricas

Aprendendo

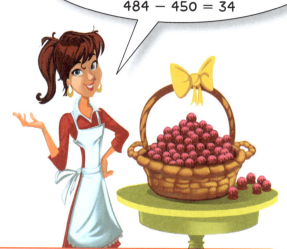

1. Marília tinha 368 bombons e ganhou outros 116 para distribuir entre as 450 crianças da escola em que trabalha. Quantos bombons sobrarão se ela der um para cada criança? Veja como ela fez para descobrir isso.

Primeiro, eu adiciono o número de bombons que eu tinha ao número de bombons que ganhei: 368 + 116 = 484. Depois, do total de bombons, subtraio a quantidade de bombons que darei: 484 − 450 = 34

Os cálculos de Marília podem ser representados por uma expressão numérica.

368 + 116 − 450 =

= 484 − 450 = 34

Portanto, sobrarão 34 bombons.

> Em expressões numéricas com adição e subtração, resolvemos as operações na ordem em que aparecem, da esquerda para a direita.

Observação

Em uma expressão numérica em que aparecem **parênteses**, efetuamos, inicialmente, as operações dentro dos parênteses. Exemplo:

$$8 - (7 - 4 + 3) =$$
$$= 8 - (3 + 3) =$$
$$= 8 - 6 = 2$$

Praticando

1. Calcule o valor da expressão numérica ao lado, resolvendo as operações na ordem em que aparecem.

72 − 30 + 25 − 17 =

2 Sérgio precisa obter 300 pontos, no mínimo, para ganhar uma bola de futebol em um jogo de canaleta.
Ele já jogou 5 bolinhas, e ainda falta 1.
Observe a ilustração ao lado e responda.

- Quantos pontos ele precisa fazer, no mínimo, nessa última jogada para ganhar a bola de futebol?

Sérgio precisa de, no mínimo,

_____ pontos para ganhar a bola de futebol.

3 Uma locomotiva puxa 4 vagões, levando, ao todo, 784 pessoas. Sabendo que um vagão é especial e que os outros três levam 200 pessoas cada um, faça o que se pede.

a) Escreva uma expressão numérica que indique quantas pessoas cabem no vagão especial.

_____

b) Quantas pessoas cabem no vagão especial?

_____

4 Digite em uma calculadora o mesmo número que Débora digitou na calculadora dela. Depois, realize sucessivamente as seguintes operações.

> Retire 50 unidades.
> Subtraia 8 milhares.
> Diminua 20 000 unidades.

- Agora, faça o que se pede.

a) Qual é o número obtido no final?

_____

b) Escreva uma expressão numérica que represente o problema.

_____

setenta e sete 77

12 Problemas com adição e subtração

Aprendendo

A tabela abaixo apresenta a pontuação dos cinco primeiros colocados no Campeonato Mundial de Fórmula 1 de 2018.

Fórmula 1 – Classificação de 2018			
Posição	Piloto	Carro	Pontuação
1	🇬🇧 L. Hamilton	Mercedes	408
2	🇩🇪 S. Vettel	Ferrari	320
3	🇫🇮 K. Raikkonen	Ferrari	251
4	🇳🇱 M. Verstappen	Red Bull Racing Tag Heuer	249
5	🇫🇮 V. Bottas	Mercedes	247

Dados obtidos no site <https://www.formula1.com/en/results.html/2018/drivers.html>.
Acesso em: 4 jul. 2019.

Cada equipe de Fómula 1 é formada por dois pilotos.

- Qual foi a diferença de pontos entre as equipes *Mercedes* e *Ferrari* nessa temporada?

Primeiro, adicionei os pontos do piloto que ficou em 1º lugar com os pontos do que ficou em 5º.

Depois, adicionei os pontos do piloto que ficou em 2º lugar com os pontos do que ficou em 3º.

Por último, subtraí os pontos das duas equipes.

A diferença de pontos entre as duas equipes é 84.

Praticando

1 Uma geladeira que custava 1 400 reais foi paga em 3 parcelas. A primeira parcela foi de 560 reais, e a segunda, de 460 reais. Qual foi o valor da terceira parcela?

O valor da terceira parcela foi de _____ reais.

2 Albert Einstein, cientista alemão que formulou a teoria da relatividade e ampliou a visão da humanidade sobre o universo, nasceu em março de 1879 e faleceu em abril de 1955. Quantos anos Einstein viveu?

Albert Einstein viveu _____ anos.

3 O salário de Luísa é R$ 2 400,00. Com esse dinheiro, ela comprou um tênis de R$ 350,00 e gastou R$ 760,00 no supermercado. Quanto sobrou do salário de Luísa depois desses dois gastos?

Sobraram _____ do salário de Luísa.

4 Complete a tabela ao lado com o controle de ingressos vendidos na bilheteria de um teatro.

- Agora, determine quantas pessoas ao todo foram ao teatro nesses três dias.

_____

Ingressos vendidos			
Tipo de ingresso	Número de ingressos		
	2ª feira	3ª feira	4ª feira
Adulto	864		516
Criança	565	408	
Total		907	867

Dados obtidos pelo teatro, em março de 2019.

setenta e nove

5 Paulo ganhou 87 carrinhos em um sorteio, e sua coleção passou a ter 234 peças. Quantos carrinhos Paulo tinha antes do sorteio?

Paulo tinha _____ carrinhos antes do sorteio.

6 Observe o aeromodelo e responda.

• Qual é o desconto dado na venda deste aeromodelo?

de R$ 1 890,00
por R$ 1 495,00

O desconto é de _____.

7 Para ir da cidade A à cidade D, é preciso percorrer 550 km, conforme esquema mostrado ao lado. Determine a distância entre as cidades B e C.

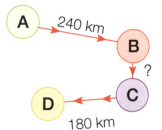

A distância entre as cidades B e C é _____.

8 Márcio tem 285 figurinhas. Ele tem 83 figurinhas a mais que Sílvia e 117 a mais que Carla.

a) Explique para um colega como você faria para descobrir quantas figurinhas têm Sílvia e Carla.

b) Agora, calcule a quantidade de figurinhas de Sílvia e a de Carla.

Sílvia tem _____ figurinhas, e Carla tem _____.

Jogando e aprendendo

Dados matemáticos

Material

✓ Destaque e monte os 2 dados das páginas **A4** e **A5**

✓ Tabela abaixo

Pontuação do jogo						
Rodada / Jogador	1ª rodada	2ª rodada	3ª rodada	4ª rodada	5ª rodada	Total

Maneira de brincar

1. Reúna-se com 3 colegas para jogar.

2. O jogo é constituído de 5 rodadas. Em cada uma, o jogador lança os 2 dados, adiciona os pontos obtidos em cada um e anota o resultado na tabela.

   Por exemplo, se o jogador tirou a face 3 em um dado e a face 5 no outro, obteve 80 pontos.

10 pontos   20 pontos   30 pontos   40 pontos   50 pontos   60 pontos

3. Se a soma das faces for 12, a pontuação é dobrada, ou seja, se o jogador tirou a face 6 nos 2 dados, obteve 240 pontos.

4. Se a soma das faces for 6, o jogador perde 10 pontos. Por exemplo, se o jogador tirou a face 2 em um dado e a 4 no outro, obteve 50 pontos.

5. Vence o jogo quem obtiver a maior soma de pontos nas 5 rodadas.

Agora, responda.

1. Qual é a menor pontuação que um jogador pode fazer em uma rodada?

2. Quais são as maneiras de um jogador obter 50 pontos?

Tratando a informação — Construir gráficos de barras duplas verticais

1 Em uma escola foi realizada uma pesquisa para saber a quantidade de meninas e meninos de cada uma das 4 turmas do 4º ano. Observe a tabela feita pela secretária da escola.

Gênero	Turma				Total
	4º A	4º B	4º C	4º D	
Menino	20	10	15	15	60
Menina	15	20	15	10	60
Total	35	30	30	25	**120**

Dados obtidos pela secretária da escola, em junho de 2019.

Com base na tabela, a secretária construiu um gráfico de **barras duplas verticais**. Complete-o.

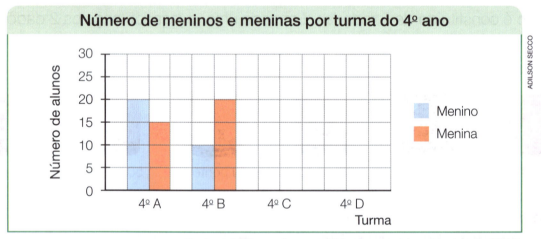

Dados obtidos pela secretária da escola, em junho de 2019.

- Agora, responda às questões.

    a) Em qual turma o número de meninas é maior que o de meninos?

    E em qual turma o número é o mesmo? _____

    b) Em qual turma há o maior número de alunos? _____

    c) Há mais meninos ou meninas nas turmas do 4º ano?

    _____

2 Cássio trabalha em uma montadora de veículos. Ele representou em uma tabela a quantidade de veículos mais vendidos, organizando-os por cor e modelo.

Veículos mais vendidos					
Modelo	Cor				Total
	Azul	Branco	Prata	Vermelho	
A	90 000	60 000	45 000	30 000	225 000
B	75 000	75 000	30 000	15 000	195 000
Total	165 000	135 000	75 000	45 000	**420 000**

Dados obtidos por Cássio, em agosto de 2019.

- Agora, faça o que se pede.

    a) Com base na tabela acima, complete o gráfico.

Dados obtidos por Cássio, em agosto de 2019.

b) Considerando os modelos A e B, qual é a cor de veículo mais vendida por essa montadora? Quantas unidades? _____

c) Qual é o modelo mais vendido por essa montadora? Quantas unidades?

_____

d) Quantos veículos brancos do modelo B foram vendidos a mais que os do modelo A da mesma cor? _____

e) Quais são os modelos e as cores dos veículos cuja venda foi de 30 000 unidades?

_____

Praticando mais

1 Olga anotou as principais despesas que tem no mês. Observe.

Alimentação	Moradia	Combustível	Energia	Água
R$ 400,00	R$ 350,00	R$ 240,00	R$ 80,00	R$ 50,00

• Agora, responda.

a) Qual é o total dessas despesas? _____

b) Sabendo que Olga recebe R$ 1 700,00 por mês, quanto sobra para as outras despesas? _____

2 Tiago pensou em um número. Adicionou a ele 20 unidades e subtraiu 15 unidades do resultado, encontrando 50. Em que número Tiago pensou?

• Agora, explique a um colega como você encontrou o número em que Tiago pensou.

? → +20 → ? → −15 → 50

Tiago pensou no número _____.

3 Resolva as expressões a seguir.

a) 300 − 288 − 10 =

b) 500 − 415 + 208 − 200 =

c) (15 − 10) + 8 − 7 =

d) 17 + 8 − (20 − 10 + 8) =

4 Calcule o resultado da subtração 1 078 − 896. Depois, verifique se chegou ao resultado correto, adicionando o resto obtido ao subtraendo.

Que resultado você obteve? _____

5 Resolva as expressões numéricas.

a) 200 − 160 + 20 − 10 =

d) 80 − 20 + (70 − 30 + 5) − 10 =

b) 815 + 95 − (60 + 18 − 15 + 2) =

e) 100 − (36 − 20 + 5) + 80 =

c) 25 − 20 + (16 − 4 + 12) + 10 =

f) 150 − 100 + 20 − 10 + 8 =

6 Em uma rodovia, passaram 2 850 carros e 1 384 caminhões em um dia. Quantos veículos passaram, ao todo, nesse dia?

Nesse dia passaram _____ veículos.

oitenta e cinco **85**

7 Calcule o resultado de cada expressão numérica.

a) 12 000 − 7 800 + 3 330 =

b) 27 560 − 5 630 − 800 =

c) 50 000 − 8 450 + 35 =

d) 450 + 54 233 − 5 663 =

8 Em um município, foi feita uma entrevista com 18 572 pessoas para saber quantas praticavam atividades físicas. Observe no gráfico o resultado da pesquisa.

a) Quantas pessoas não praticam atividades físicas?

b) Converse com um colega sobre como é possível descobrir quantas pessoas praticam atividades físicas.

c) Com o auxílio da calculadora, determine a quantidade de pessoas que praticam atividades físicas.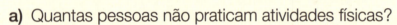

Dados obtidos na prefeitura do município pesquisado, em 2019.

9 Digite em uma calculadora o mesmo número que Antônio digitou na calculadora dele. Depois, realize sucessivamente as seguintes operações.

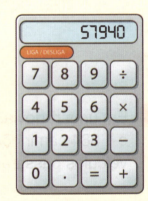

> Retire 40 unidades.
> Subtraia 9 centenas.
> Subtraia 7 milhares.
> Diminua 30 000 unidades.

- Agora, faça o que se pede.

    a) Qual é o número obtido no final? _____

    b) Escreva uma expressão numérica que represente o problema.

    _____

86 oitenta e seis

10 Observe a balança abaixo e faça o que se pede.

a) Escreva uma igualdade que representa o equilíbrio dessa balança.

_____

b) Considere que alguém acrescentou um pesinho de 3 kg em cada prato dessa balança. Escreva a nova igualdade que represente essa situação e responda: nesse caso, a balança permanecerá em equilíbrio?

_____

11 Marcos foi a um parque de diversões com 120 reais. Quando ele saiu do parque, percebeu que ainda lhe restavam 38 reais. Quanto Marcos gastou no parque de diversões?

_____

Desafio

Associe cada figura a um dos seguintes algarismos: 1, 3, 5 e 7. Para isso, analise a adição e observe que o algarismo 2 já está associado à figura azul.

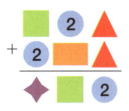

UNIDADE 3
Geometria

Trocando ideias

1. As crianças estão produzindo uma maquete. De quais figuras geométricas planas você se lembra ao observar algumas partes desta cena?
2. Você pode identificar os materiais usados para construir essa maquete? Quais?

oitenta e nove 89

1 Cubo e paralelepípedo

Aprendendo

Você já conhece o cubo e o paralelepípedo. Observe os seus principais elementos.

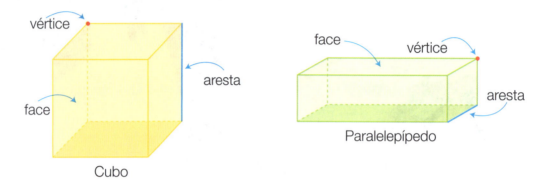

Veja no quadro abaixo o número de faces, de arestas e de vértices dessas duas figuras geométricas.

	Cubo	Paralelepípedo
faces	6	6
arestas	12	12
vértices	8	8

O cubo é um tipo especial de paralelepípedo. Todas as suas faces têm a forma de quadrado.

Praticando

1 Pinte a representação do cubo de 🔴 e a representação do paralelepípedo de 🟡. Quantos vértices tem cada um deles? E quantas faces? Complete.

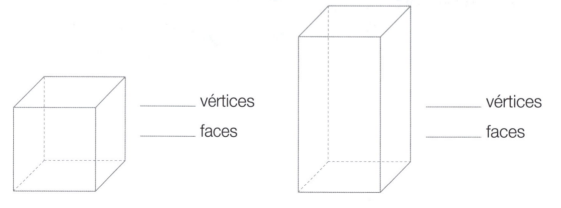

_____ vértices
_____ faces

_____ vértices
_____ faces

90 noventa

2 Pegue um dado de 6 faces de algum jogo. Com o auxílio de uma régua, verifique as medidas do comprimento, da largura e da altura desse dado.

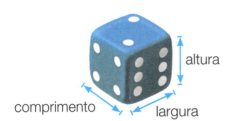

• O que você observou nos valores dessas medidas?

_____

3 Agora, pegue uma caixa de sapatos. Verifique as medidas do comprimento, da largura e da altura dessa caixa.

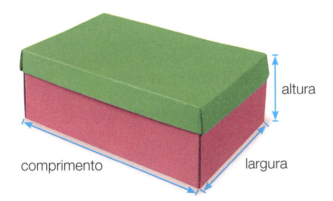

A geometria nas embalagens
Nesta atividade, você verá algumas embalagens que lembram figuras geométricas.

a) Os números que representam as três medidas são iguais? _____

b) A caixa de sapatos lembra um cubo ou um paralelepípedo? _____

4 Com o auxílio de uma fita métrica ou trena, obtenha as medidas do comprimento e da largura de seu quarto.

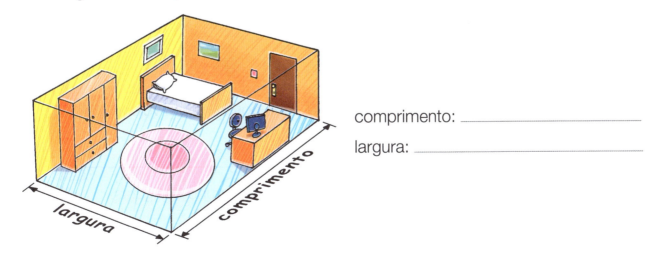

comprimento: _____

largura: _____

noventa e um **91**

2 Prismas e pirâmides

Aprendendo

Prismas

Veja alguns exemplos de prismas e observe suas faces.

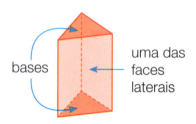
Prisma de base triangular

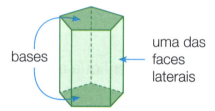
Prisma de base pentagonal

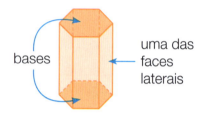
Prisma de base hexagonal

O formato das faces laterais desses prismas é retangular.

Pirâmides

Observe estas pirâmides e suas faces.

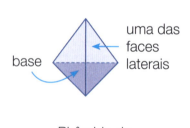
Pirâmide de base triangular

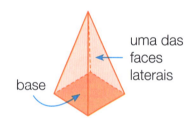
Pirâmide de base quadrangular

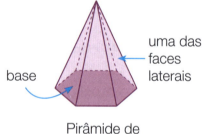
Pirâmide de base hexagonal

O formato das faces laterais das pirâmides é triangular. Observe que as pirâmides só têm uma base e as faces laterais são triângulos que possuem um vértice comum.

> Os prismas e as pirâmides fazem parte de um grupo de figuras geométricas denominadas **poliedros**.

Curiosidade

Pirâmides

Além das famosas pirâmides de Gizé, no Egito, outras obras foram construídas utilizando essa figura geométrica. É o caso da grande pirâmide de vidro localizada na entrada do Museu do Louvre, em Paris, na França. Toda de vidro, a obra lembra a figura de uma pirâmide de base quadrangular.

Praticando

1. Observe as ilustrações dos objetos. Depois, utilize o código de cores para pintar cada objeto de acordo com a figura geométrica com a qual ele se parece.

Código
- prisma
- pirâmide

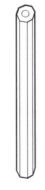
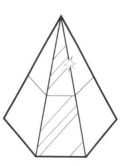
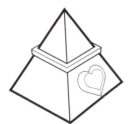
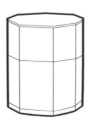
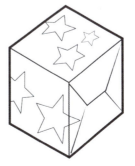

2 Observe os prismas e as pirâmides abaixo. Conte e registre nos espaços a seguir o número de arestas, faces e vértices de cada um deles.

a) Prisma de base triangular

_____

c) Pirâmide de base triangular

_____

b) Prisma de base pentagonal

_____

d) Pirâmide de base hexagonal

_____

3 Observe a embalagem de chocolate e responda.

a) A embalagem se parece com qual figura geométrica?

_____

b) Quantas faces ela tem no total? Quantas dessas faces são triangulares? Quantas são retangulares?

_____

94 noventa e quatro

Agindo e construindo

Construindo um modelo de prisma e um modelo de pirâmide

Material

✓ Planificações das páginas **A6** e **A7** ✓ Cola

Tarefa

Destaque, dobre e cole os modelos de prisma e de pirâmide seguindo as orientações do seu professor.

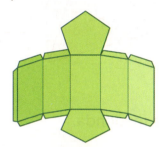

ILUSTRAÇÕES: ERICSON GUILHERME LUCIANO

Curiosidade

Poliedros de Platão

Há poliedros com características especiais, denominados poliedros de Platão. Nesses poliedros:

- todas as faces são polígonos que têm o mesmo número de lados;
- em cada vértice se encontra o mesmo número de arestas. Veja os exemplos.

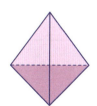 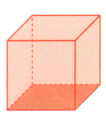 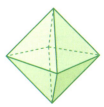  

tetraedro (4 faces triangulares) **cubo** (6 faces quadradas) **octaedro** (8 faces triangulares) **dodecaedro** (12 faces pentagonais) **icosaedro** (20 faces triangulares)

ILUSTRAÇÕES: ADILSON SECCO

noventa e cinco

4 Marque com um **X** as figuras que representam poliedros.

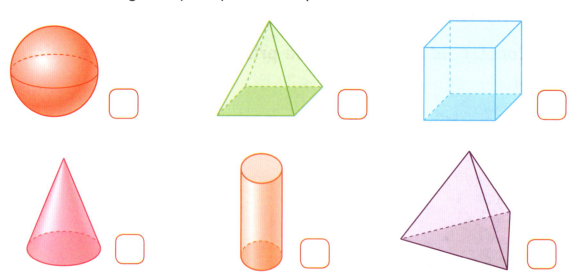

5 Complete a tabela com os dados de cada poliedro e depois responda.

Elementos dos poliedros				
Elementos / Poliedros	Número de vértices (V)	Número de faces (F)	Número de arestas (A)	V + F − A
(pirâmide)	5	5	8	5 + 5 − 8 = 2
a) (cubo)				
b) (paralelepípedo)				
c) (pirâmide pentagonal)				
d) (pirâmide hexagonal)				

- O que você observou na última coluna da tabela?

3 Cilindro, cone e esfera

Aprendendo

Algumas figuras geométricas também têm partes arredondadas. Elas são chamadas de corpos redondos. Observe os exemplos.

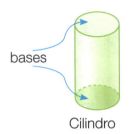
bases
Cilindro

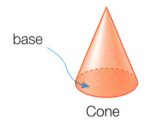
base
Cone

Esfera

O cilindro e a esfera não têm vértice.

Agindo e construindo

Construindo um modelo de cilindro e um modelo de cone

Material
- ✓ Planificações das páginas **A8** e **A9**
- ✓ Cola

Tarefa
Destaque, dobre e cole os modelos de cilindro e de cone seguindo as orientações do seu professor.

Praticando

Identifique com qual das figuras geométricas descritas anteriormente (cilindro, cone e esfera) estes objetos se parecem.

a)

b)

c)

d)

noventa e sete

Lendo e descobrindo

Brincadeiras indígenas

Os povos indígenas do Brasil são muito diferentes em seus costumes, maneiras de se vestir, de viver e até de brincar.

No Brasil, vivem 305 povos indígenas diferentes, número maior que o de outros países. Conhecer as brincadeiras de alguns povos indígenas é um jeito de saber mais sobre cada povo e sobre a enorme riqueza cultural do nosso país. Veja alguns desses povos e suas brincadeiras.

Mangabeira

A bola é de borracha e é feita pelos próprios Paresí com a seiva da mangabeira, árvore típica do Cerrado.

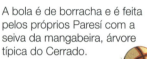

Jikunahaty

Os Paresí são mestres nessa espécie de futebol em que a jogada só pode ser feita com a cabeça. Uma equipe marca ponto quando o adversário não consegue rebater a bola.

Ketinho mitselü

Nesse jogo tradicional dos Kalapalo, é preciso entrelaçar rapidamente um longo fio de buriti com os dedos para formar figuras geométricas.

Buriti

Fibra do buriti

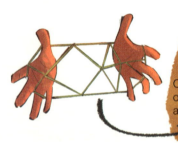

Com imaginação e Matemática, os Kalapalo criam figuras dos animais do Cerrado.

Onças contra macacos

Um grupo de crianças Kaingang corre até uma árvore. Os primeiros "viram" macacos e sobem na árvore. Quem chega depois "vira" onça e tem que pegar os "macacos".

Os "macacos" que são tocados pelas "onças" perdem e saem da brincadeira.

ILUSTRAÇÕES: SIDNEY MEIRELES

Onde vivem os povos indígenas?

Tanto no campo quanto nas cidades; porém, existem diferenças regionais, como mostra o gráfico.

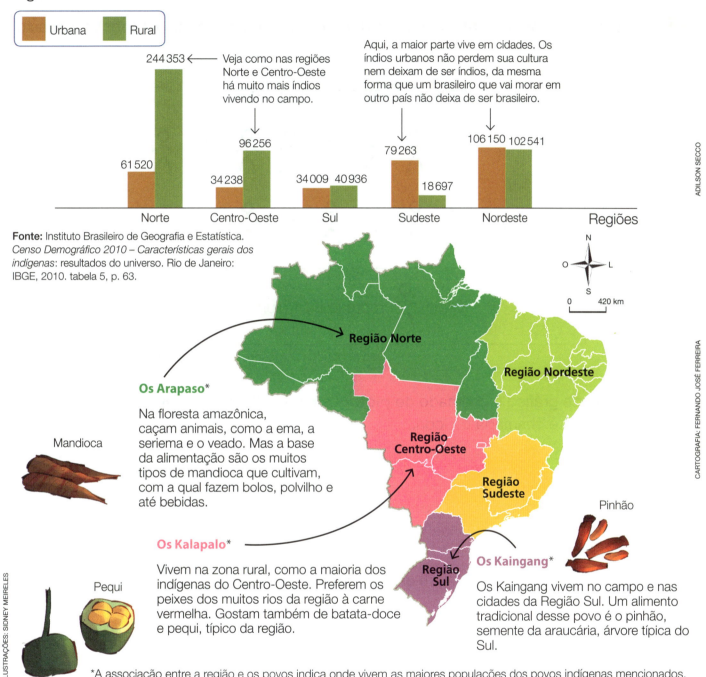

Fonte: Instituto Brasileiro de Geografia e Estatística. *Censo Demográfico 2010 – Características gerais dos indígenas*: resultados do universo. Rio de Janeiro: IBGE, 2010. tabela 5, p. 63.

Os Arapaso*

Na floresta amazônica, caçam animais, como a ema, a seriema e o veado. Mas a base da alimentação são os muitos tipos de mandioca que cultivam, com a qual fazem bolos, polvilho e até bebidas.

Os Kalapalo*

Vivem na zona rural, como a maioria dos indígenas do Centro-Oeste. Preferem os peixes dos muitos rios da região à carne vermelha. Gostam também de batata-doce e pequi, típico da região.

Os Kaingang*

Os Kaingang vivem no campo e nas cidades da Região Sul. Um alimento tradicional desse povo é o pinhão, semente da araucária, árvore típica do Sul.

*A associação entre a região e os povos indica onde vivem as maiores populações dos povos indígenas mencionados.

Fontes: Instituto Brasileiro de Geografia e Estatística. *Censo Demográfico* 2010: características gerais dos indígenas. Rio de Janeiro: IBGE, 2012. HERRERO, M.; FERNANDES, U.; FRANCO, J. V. *Kalapalo*: jogos e brincadeiras do povo Kalapalo. São Paulo: Sesc, 2010. Instituto Socioambiental. *Povos indígenas no Brasil*. Disponível em: <https://pib.socioambiental.org/pt/Página_principal>. Acesso em: 11 jul. 2019. JÚNIOR, J. R. A.; FAUSTINO, R. C. *Jogos indígenas*: o futebol como esporte tradicional Kaingang. *Pensar a prática*, Goiânia, v. 12, n. 3, 2009. Disponível em: <https://www.revistas.ufg.br/fef/article/view/7021/5995>. Acesso em: 11 jul. 2019. Disponível em: <https://pib.socioambiental.org/pt/Povo:Arapaso>. Acesso em: 11 jul. 2019.

Responda.

1. Que objeto das ilustrações da página anterior lembra a forma de uma esfera?

2. Analisando o gráfico, em qual região há mais índios urbanos?

noventa e nove

Tratando a informação
Organizar e interpretar dados em pictogramas

1 Na escola de Isabela será organizado um coral com os alunos do 4º ano. Veja abaixo o gráfico que ela fez.

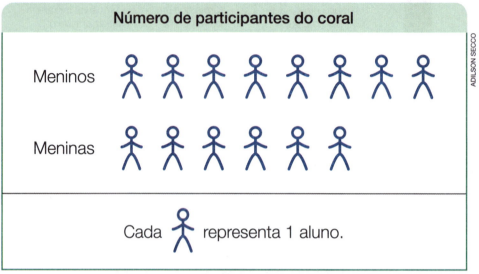

Dados obtidos por Isabela, em março de 2019.

Esse tipo de gráfico é chamado de **pictograma**, e a figura que representa as quantidades é chamada de ícone.

- Isabela decidiu fazer outro pictograma, no qual cada ícone representa 2 alunos que participarão do coral.

  Ajude Isabela a completar seu registro, desenhando os ícones que faltam para indicar as quantidades correspondentes.

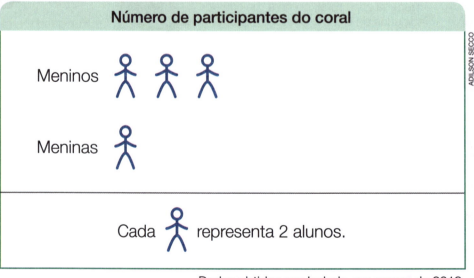

Dados obtidos por Isabela, em março de 2019.

2 Na tabela abaixo está representada a quantidade de chapéus produzidos em uma fábrica nos três primeiros meses de 2019.

Produção de chapéus no 1º trimestre de 2019	
Mês	Número de chapéus
Janeiro	400
Fevereiro	1000
Março	600

Dados obtidos pela fábrica, nos primeiros três meses de 2019.

a) Complete o pictograma abaixo, desenhando os ícones que estão faltando.

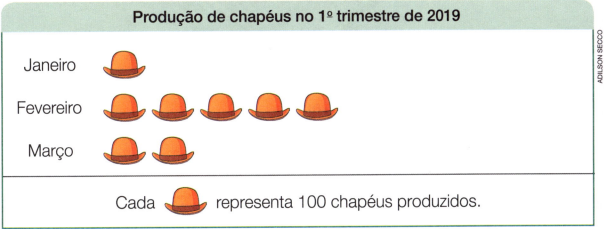

Dados obtidos pela fábrica, nos primeiros três meses de 2019.

- Se cada 🎩 representasse 1 chapéu produzido, você teria mais ou menos trabalho para completar o pictograma acima? Converse com os colegas sobre isso.

b) Responda às questões.

- Em que mês foi produzido o menor número de chapéus?

  _____

- Quantos chapéus foram produzidos nos meses de janeiro e março juntos?

  _____

- Em sua opinião, em que mês essa fábrica vendeu o maior número de chapéus: janeiro, fevereiro ou março? Por quê? Converse com os colegas.

cento e um 101

Praticando mais

1 Clara construiu o "esqueleto" de um modelo de pirâmide utilizando canudos e fios de barbante que passam por dentro de todos os canudos para fixá-los.

Observe a construção de Clara e responda às questões.

a) De quantos canudos Clara precisou? _____

b) Se ela fosse construir o "esqueleto" de um cubo, de quantos canudos Clara precisaria? _____

2 Observe a barraca para acampamento a seguir e responda às questões.

a) Com qual figura geométrica a barraca se parece?

_____

_____

b) As laterais da barraca lembram qual figura geométrica plana? E o piso?

_____

_____

c) Para que essa barraca ficasse firme, foi necessário montar uma estrutura com tubos de alumínio. Quantos tubos você acha que foram usados? Converse com seu professor e com os colegas e diga onde vocês acham que devem ter sido colocados esses tubos.

3 Felipe desmontou uma caixa em formato de cubo e obteve o molde abaixo.

Figuras geométricas não planas
Nesta atividade, você verá algumas figuras geométricas e suas características.

- Sabendo que as faces opostas da caixa eram da mesma cor, termine de pintá-la com as cores corretas.

4 Oscar Niemeyer (1907-2012) foi um dos arquitetos brasileiros mais influentes na arquitetura moderna internacional. Observe as fotos de algumas construções de Niemeyer e identifique as figuras geométricas que elas lembram.

a) _____

Estação Cabo Branco — Ciência, Cultura e Artes, João Pessoa (PB).

b) _____

Centro Cultural Internacional Oscar Niemeyer, Espanha.

Desafio

Everton tinha um molde para montar um dado. Observe o molde e cerque com uma linha o dado que ele montou.

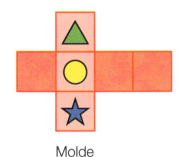
Molde

A

B

C

D

cento e três **103**

Trocando ideias

1. Quanto custa o monitor que o homem de camisa azul está olhando?

2. Letícia comprou duas unidades do *notebook* que está olhando: uma unidade para ela e outra para o seu filho Allan. Quanto Letícia gastou nessa compra?

1 Os significados da multiplicação

Aprendendo

Adição de parcelas iguais

🔸 Mário quer saber a quantidade total de latas de suco nas três caixas.

Cada caixa tem 12 latas.

A quantidade total de latas nas caixas corresponde a:

$$12 + 12 + 12 = 36$$

Toda **adição de parcelas iguais** pode ser transformada em uma **multiplicação**.

$$\underbrace{12 + 12 + 12}_{3 \times 12} = 36$$

$$\begin{array}{r} 1\,2 \leftarrow \text{fator} \\ \times\ \ \ 3 \leftarrow \text{fator} \\ \hline 3\,6 \leftarrow \text{produto} \end{array}$$

Portanto, há 36 latas de suco nas caixas.

Proporcionalidade

🔸 Observe o quadro. Nele, as informações relacionam quantidade e preço de chaveiros.

Quantidade e preço de chaveiros				
Quantidade de chaveiros (em unidade)	2	3	4	5
Preço (em real)	12	18	24	30

• Qual é o preço de 6 chaveiros?

Se 2 chaveiros custam 12 reais, 1 chaveiro custa 6 reais. Então, 6 chaveiros custam 6 vezes 6 reais, ou seja, 36 reais.

Observando os números da linha dos preços, vemos que eles formam uma sequência. O termo seguinte é sempre o anterior adicionado a 6. Assim, o próximo termo dessa sequência é 30 + 6 = 36. 6 chaveiros custam 36 reais.

• Converse com um colega sobre como você faria para determinar o preço de 9 chaveiros.

Organização retangular

1 Um pedreiro está colocando azulejos em uma parede. Ele precisa dispor as peças da maneira mostrada abaixo.

- Quantos azulejos o pedreiro vai colocar nessa parede?

Note que são 8 colunas, cada uma delas com 7 azulejos, ou seja:

$$7 + 7 + 7 + 7 + 7 + 7 + 7 + 7 = 56$$
$$8 \times 7 = 56$$

$$\begin{array}{r} 7 \\ \times\ 8 \\ \hline 5\ 6 \end{array}$$

Por outro lado, também são 7 linhas, cada uma delas com 8 azulejos, ou seja:

$$8 + 8 + 8 + 8 + 8 + 8 + 8 = 56$$
$$7 \times 8 = 56$$

$$\begin{array}{r} 8 \\ \times\ 7 \\ \hline 5\ 6 \end{array}$$

$$\boxed{8 \times 7 = 7 \times 8 = 56}$$

Observe, a partir da expressão acima, que **a ordem dos fatores não altera o produto**.

Portanto, o pedreiro vai colocar 56 azulejos nessa parede.

Combinação de possibilidades

🍎 Marcos está arrumando a lancheira do filho e vai colocar uma fruta e um iogurte. Ele tem 3 tipos de fruta e 2 de iogurte.

Marcos elaborou uma tabela de possibilidades para verificar quantos lanches diferentes ele pode montar. Observe.

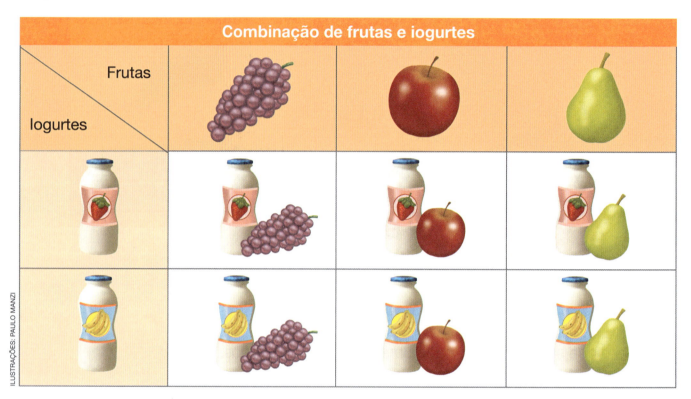

Por meio da operação de multiplicação, podemos determinar o total de possibilidades. Veja.

$$2 \times 3 = 6$$

Portanto, Marcos pode montar 6 lanches diferentes.

Praticando

1 Transforme as adições em multiplicações e calcule o resultado.

Exemplo:
6 + 6 + 6 + 6 = 4 × 6 = 24

a) 10 + 10 + 10 = _____

b) 4 + 4 + 4 + 4 + 4 + 4 + 4 = _____

c) 1 + 1 + 1 + 1 + 1 = _____

2 Indique com uma multiplicação o total de unidades em cada caso.

a) 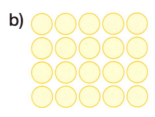 b) 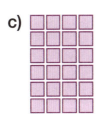 c) 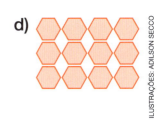 d)

_____   _____   _____   _____

3 Os fatores de uma multiplicação são 15 e 4. Qual é o produto? _____

4 Eliana precisa de pilhas novas para pôr em seu rádio. No supermercado, ela encontrou embalagens com 4 unidades. Complete a tabela, indicando quantas pilhas Eliana teria se comprasse diferentes quantidades de embalagens.

Quantidade de pilhas										
Embalagens	1	2	3	4	5	6	7	8	9	10
Pilhas	4	8				24				

5 Em um aeroporto, os aviões A1, A2, A3 e A4 estão esperando autorização para pouso. Na torre de controle, os controladores de voo C1, C2, C3 e C4 entram em contato, cada um, com apenas um avião para o teste de rádio.

Construa um quadro para representar todas as possibilidades de contato e, depois, responda: quantas são as possibilidades de contato?

No total, são _____ possibilidades de contato.

cento e nove **109**

6 Sabendo que um jornaleiro vende 100 jornais por dia, responda às questões.

a) Quantos jornais ele venderá em 1 semana?

_____

b) E em 2 semanas? _____

7 Utilizando uma multiplicação, determine a quantidade de quadradinhos em cada caso.

a)

b)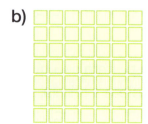

c)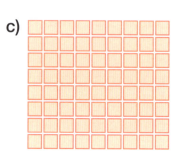

_____   _____   _____

8 Observe o tabuleiro ao lado. Quantas casas de cada cor ele tem?

O tabuleiro tem _____ casas de cada cor.

9 Observe, na representação ao lado, a vista superior de uma sala de aula. Depois, responda: quantas carteiras há na sala?

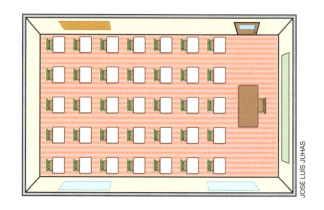

_____

- Explique para um colega como você fez para descobrir.

10 Observe a figura ao lado. Depois, responda às questões.

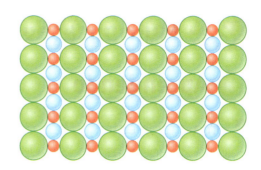

a) Quantas bolinhas verdes há na figura? _____

b) E quantas bolinhas azuis? _____

c) E quantas vermelhas? _____

11 Elabore um problema de multiplicação envolvendo a caixa e as bolinhas da figura a seguir. Depois, resolva-o.

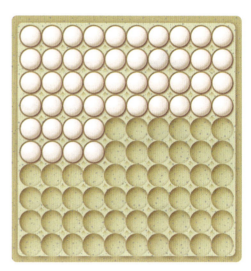

_____
_____
_____
_____
_____
_____

12 Há 3 caminhos para ir da cidade Vista Bela à cidade Paraíso, e 5 caminhos para ir da cidade Paraíso à cidade Conviver.

- Quantos caminhos diferentes podem ser feitos para ir da cidade Vista Bela à cidade Conviver, passando pela cidade Paraíso? _____

cento e onze **111**

2 Multiplicação com trocas

Aprendendo

1. Uma gráfica entregou três caixas com 25 agendas em cada uma delas.

- Quantas agendas foram entregues por essa gráfica?

Para determinar o número total de agendas nas três caixas, podemos efetuar a adição 25 + 25 + 25 ou a multiplicação 3 × 25.

Primeiro, vamos calcular o resultado de 3 × 25, utilizando o material dourado.

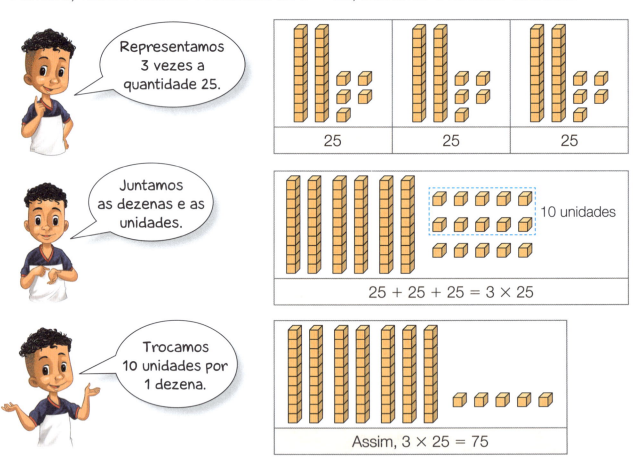

Representamos 3 vezes a quantidade 25.

Juntamos as dezenas e as unidades.

25 + 25 + 25 = 3 × 25

Trocamos 10 unidades por 1 dezena.

Assim, 3 × 25 = 75

Agora, vamos fazer o cálculo por decomposição.

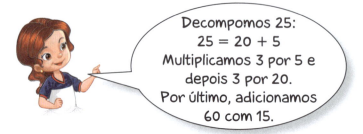

Decompomos 25:
25 = 20 + 5
Multiplicamos 3 por 5 e depois 3 por 20.
Por último, adicionamos 60 com 15.

Assim, temos:

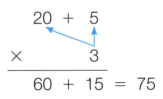

$$\begin{array}{r} 20 + 5 \\ \times 3 \\ \hline 60 + 15 = 75 \end{array}$$

Portanto, foram entregues por essa gráfica 75 agendas.

11 Um elevador de carga pode transportar até 500 quilogramas de massa.

- É possível transportar nesse elevador, ao mesmo tempo, quatro caixas com equipamentos, cada uma delas com 134 quilogramas de massa?

Para determinar a massa total das quatro caixas com equipamentos, podemos efetuar a multiplicação 4 × 134.

Vamos calcular, primeiramente, o resultado dessa multiplicação com o algoritmo usual.

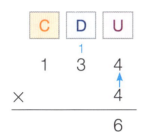 

Primeiro, multiplicamos as unidades por 4.
4 × 4 unidades = 16 unidades
16 unidades = 1 dezena + 6 unidades

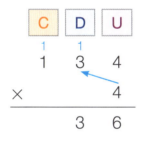 

Agora, multiplicamos as dezenas por 4.
4 × 3 dezenas = 12 dezenas
12 dezenas + 1 dezena = 13 dezenas
13 dezenas = 1 centena + 3 dezenas

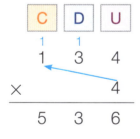 

Por fim, multiplicamos as centenas por 4.
4 × 1 centena = 4 centenas
4 centenas + 1 centena = 5 centenas

Agora, vamos fazer o cálculo por decomposição.

Podemos escrever 4 × 134 como 4 × (100 + 30 + 4).

Assim, temos:

$$\begin{array}{r} 100 + 30 + 4 \\ \times 4 \\ \hline 400 + 120 + 16 = 536 \end{array}$$

Portanto, não é possível transportar as 4 caixas ao mesmo tempo, uma vez que, juntas, elas têm 536 quilogramas de massa, superando o limite de carga do elevador.

Praticando

1 Efetue as multiplicações.

a) 8 × 247 = _____

b) 9 × 846 = _____

2 Arme e efetue as seguintes multiplicações.

a) 5 × 674 = _____

b) 8 × 839 = _____

c) 4 × 718 = _____

d) 6 × 945 = _____

e) 3 × 1 253 = _____

f) 5 × 1 029 = _____

g) 7 × 1 382 = _____

h) 4 × 2 054 = _____

i) 6 × 3 124 = _____

3 Quádruplo, quíntuplo e sêxtuplo

Aprendendo

Leia as explicações dos professores.

Você já aprendeu que o dobro significa duas vezes e o triplo, três vezes.

O quádruplo, o quíntuplo e o sêxtuplo significam quatro vezes, cinco vezes e seis vezes, respectivamente.

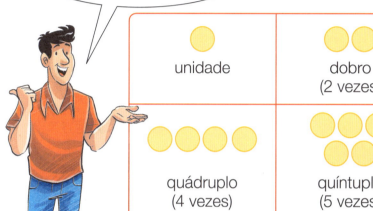

| unidade | dobro (2 vezes) | triplo (3 vezes) |
| quádruplo (4 vezes) | quíntuplo (5 vezes) | sêxtuplo (6 vezes) |

Praticando

1 Complete o quadro a seguir com o que se pede.

	Dobro	Triplo	Quádruplo	Quíntuplo	Sêxtuplo
25					
83					
100					
125					
180					

2 Observe a quantia que Iaci tem.

- Se Pedro tem o quádruplo da quantia de Iaci, então quantos reais tem Pedro?

_____

cento e quinze **115**

4 Multiplicação e divisão: operações inversas

Aprendendo

Como a **multiplicação** e a **divisão** são **operações inversas**, podemos obter um dos fatores da multiplicação, dividindo o produto obtido pelo outro fator.

Observe.

$$5 \times 4 = 20 \quad \text{e} \quad 20 \div 4 = 5$$

Exemplo:

Em uma multiplicação, o produto é 60, e um dos fatores é 5. Qual é o outro fator?

```
  6 0 | 5
- 5   | 1 2
  ─
  1 0
- 1 0
  ─
    0
```

O outro fator é 12.

Praticando

1 Complete.

a) _____ × 9 = 54

b) _____ × 8 = 64

c) 8 × _____ = 56

d) 9 × _____ = 45

2 Em uma multiplicação, o produto é 32, e um dos fatores é 4. Qual é o outro fator?

O outro fator é _____.

3 Observe o quadro abaixo e faça os cálculos para completá-lo.

1º fator	2º fator	Produto
6		48
	9	27

4 Em 2019, uma rede de lojas de automóvel vendeu veículos dos modelos A, B, C e D. Veja o pictograma abaixo, que apresenta a quantidade de veículos vendidos nesse ano.

Dados fornecidos pela rede de lojas de automóveis, em 2019.

- Determine o número correspondente à venda de cada um dos modelos.

___

 **Curiosidade**

A tabuada

O termo tabuada é muito antigo. Sua origem vem da palavra tábua, porque, na Antiguidade, muitos registros foram encontrados em tábuas de barro ou de argila. Nessa época, não havia calculadoras; então, os resultados de operações eram registrados em tabelas, tábuas da época. Quando era preciso saber algum resultado, recorria-se às tábuas, como fazemos atualmente com a calculadora.

Hoje, é muito comum o uso das tabelas de dupla entrada. Elas nos apresentam com facilidade os resultados de operações.

Nesse tipo de tabela, o resultado da operação se encontra no cruzamento da linha e da coluna.

Na tabela ao lado, o resultado de 3 × 4, por exemplo, está no cruzamento da linha em que aparece o 3 com a coluna em que aparece o 4, ou seja, 12.

5 Multiplicação por 10, por 100 e por 1000

Aprendendo

1. Acompanhe o pensamento de Lucas.

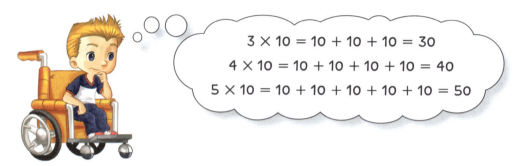

$3 \times 10 = 10 + 10 + 10 = 30$
$4 \times 10 = 10 + 10 + 10 + 10 = 40$
$5 \times 10 = 10 + 10 + 10 + 10 + 10 = 50$

Observando as multiplicações, podemos verificar que, para determinar o resultado da multiplicação de um número por **10**, basta acrescentar **um zero** à sua direita.

Agora, acompanhe o pensamento de Ana e o de Isabela.

$2 \times 100 = 100 + 100 = 200$
$3 \times 100 = 100 + 100 + 100 = 300$

$4 \times 1000 = 4000$
$5 \times 1000 = 5000$
$6 \times 1000 = 6000$

Para determinar o resultado da multiplicação de um número por **100**, basta acrescentar **dois zeros** à sua direita, e para determinar o resultado da multiplicação de um número por **1000**, basta acrescentar **três zeros** à sua direita.

Multiplicação por dezenas exatas

2. Observe estas multiplicações.

```
     ¹
     2 3          4
  ×    5 0        3 7
  ─────────    ×    6 0
  1 1 5 0      ─────────
               2 2 2 0
```

Multiplicamos o número pelo algarismo das **dezenas** e acrescentamos o **zero**.

Multiplicação por centenas exatas

Analise as multiplicações.

```
        2                   2 5
     2 7                  1 3 9
  ×  4 0 0             ×  6 0 0
  --------             ---------
  1 0 8 0 0             8 3 4 0 0
```

> Multiplicamos o número pelo algarismo das **centenas** e acrescentamos **dois zeros**.

Praticando

1 Efetue as multiplicações a seguir.

a) 3 × 10 = _____

b) 13 × 10 = _____

c) 100 × 35 = _____

d) 448 × 100 = _____

e) 38 × 1 000 = _____

f) 1 000 × 15 = _____

2 Arme e efetue as multiplicações.

a) 20 × 36 = _____

b) 60 × 245 = _____

c) 200 × 173 = _____

3 Em uma escola foram arrecadadas roupas para a campanha do agasalho.

- Analise o gráfico. Depois, responda.

    a) Quantas roupas de cada tipo foram arrecadadas? _____

    b) Quantas roupas foram arrecadadas no total? _____

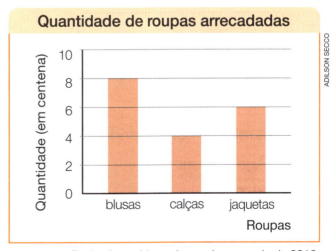

Quantidade de roupas arrecadadas

Dados fornecidos pela escola, em maio de 2019.

4 Observe como Bruno pensou para efetuar as multiplicações.

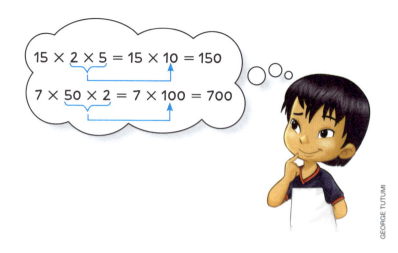

$15 \times 2 \times 5 = 15 \times 10 = 150$

$7 \times 50 \times 2 = 7 \times 100 = 700$

- Agora, calcule mentalmente e registre os resultados.

   a) $36 \times 5 \times 2 =$ _____

   b) $19 \times 2 \times 50 =$ _____

   c) $5 \times 9 \times 2 =$ _____

   d) $37 \times 50 \times 2 =$ _____

5 Calcule mentalmente os produtos a seguir e registre os resultados.

Exemplo:
$15 \times 2 = 30$
$15 \times 20 = 300$
$15 \times 200 = 3\,000$
$15 \times 2\,000 = 30\,000$

a) $22 \times 4 =$ _____
b) $22 \times 40 =$ _____
c) $22 \times 400 =$ _____
d) $22 \times 4\,000 =$ _____

e) $31 \times 3 =$ _____
f) $31 \times 30 =$ _____
g) $31 \times 300 =$ _____
h) $31 \times 3\,000 =$ _____

6 Calcule mentalmente e registre o resultado.

a) $85 \times 10 =$ _____
b) $176 \times 100 =$ _____
c) $543 \times 1\,000 =$ _____
d) $500 \times 10 =$ _____

7 Um século corresponde a 100 anos. Estamos no século vinte e um da era cristã. Ou seja, já se passaram vinte séculos.

Exemplo:
1 século = 100 anos

- Calcule e complete.

   a) 20 séculos = _____ anos

   b) 60 séculos = _____ anos

8 Um milênio corresponde a 1 000 anos.

- Agora, responda.

   a) Cinco milênios correspondem a quantos anos? _____.

   b) Sete milênios correspondem a quantos anos? _____.

   c) Nove milênios correspondem a quantos anos? _____.

6 Multiplicação por números de dois algarismos

Aprendendo

1 Observe a técnica utilizada nestas multiplicações.

13 × 26 = 338

```
    2 6            26
×   1 3          × (10 + 3)
                 ─────────────
                 260 + 78 = 338
```

	C	D	U
		1	
		2	6
×		1	3
		7	8
		1	
+		2	6
		3	3	8

Primeiro fiz a decomposição do 13 assim: 13 = 10 + 3
Então, multipliquei 26 por 3 e, depois, por 10. Por último adicionei os resultados.

28 × 439 = 12 292

```
    4 3 9           439
×     2 8         × (20 + 8)
                  ─────────────────
                  8 780 + 3 512 = 12 292
```

	DM	UM	C	D	U
			3	1	
			4	3	9
×				2	8
		1			
		3	5	1	2
+		8	7	8	
	1	2	2	9	2

cento e vinte e um **121**

Praticando

1 Efetue as multiplicações.

a)
C	D	U
	3	2
×	1	5

+ _____

c)
UM	C	D	U
	1	2	8
×		3	7

+ _____

b)
DM	UM	C	D	U
		6	4	2
×			7	4

+ _____

d)
DM	UM	C	D	U
	1	0	5	8
×			8	3

+ _____

2 Arme e efetue as multiplicações. Depois, registre os resultados.

a) 76 × 218 = _____   **b)** 69 × 649 = _____

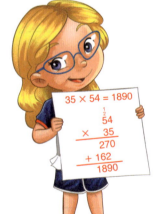

3 Efetue e registre o resultado de cada multiplicação.

a) 52 × 87 = _____

b) 35 × 16 = _____

```
    1 6
×   3 5
———————
```

c) 36 × 52 = _____

```
    5 2
×   3 6
———————
```

d) 36 × 54 = _____

e) 37 × 24 = _____

```
    2 4
×   3 7
———————
```

f) 43 × 28 = _____

```
    2 8
×   4 3
———————
```

g) 25 × 2 438 = _____

h) 19 × 35 = _____

```
    3 5
×   1 9
———————
```

i) 55 × 86 = _____

```
    8 6
×   5 5
———————
```

4 Continue multiplicando.

a)
```
    1 5 4
×     2 8
—————————
```

b)
```
    1 0 6
×     4 2
—————————
```

c)
```
    2 3 8
×     5 6
—————————
```

cento e vinte e três

7 Multiplicação por números de três algarismos

🎓 Aprendendo

1. Observe a técnica utilizada nas multiplicações abaixo.

$124 \times 248 = 30752$

```
      2 4 8
  ×   1 2 4
```

```
              2 4 8
  ×   (100 + 20 + 4)
  ─────────────────────
  24 800 + 4 960 + 992 = 30 752
```

DM	UM	C	D	U
		1	1 3	
		2	4	8
×		1	2	4
		1		
		9	9	2
	2			
	4	9	6	
	1			
+	2	4	8	
	3	0	7	5	2

$205 \times 412 = ?$

$205 \times 412 = 84460$

```
      4 1 2
  ×   2 0 5
```

```
              412
  ×   (200 + 5)
  ─────────────────
  82 400 + 2 060 = 84 460
```

DM	UM	C	D	U
			1	
		4	1	2
×		2	0	5
	2	0	6	0
	0	0	0	
+8	2	4		
8	4	4	6	0

1 Efetue as multiplicações.

a)
DM	UM	C	D	U
		2	1	5
×		1	4	2
+				

b)
DM	UM	C	D	U
		3	8	9
×		2	3	7
+				

2 Arme, efetue e registre o resultado de cada uma das multiplicações abaixo.

a) 308 × 132 = _____

b) 268 × 304 = _____

c) 134 × 425 = _____

d) 201 × 318 = _____

8 Propriedades da multiplicação

Aprendendo

Comutativa

1. George e Vágner são pintores e querem saber quantas latas de tinta cada um tem. Veja como eles organizaram suas latas.

Eu organizei minhas latas de tinta em 4 prateleiras com 2 latas em cada uma delas. Para saber a quantidade de latas, posso fazer: $4 \times 2 = 8$

Eu organizei minhas latas de tinta em 2 prateleiras com 4 latas em cada uma delas. Para saber a quantidade de latas, posso fazer: $2 \times 4 = 8$

George Vágner

Observe que, mesmo trocando a ordem dos fatores, o resultado é o mesmo.

$$4 \times 2 = 2 \times 4 = 8$$

Logo, George e Vágner têm 8 latas de tinta cada um.

Em uma multiplicação, a ordem dos fatores não altera o produto.

Associativa

1. Observe como Iaci e Ana calcularam o resultado de $5 \times 20 \times 7$.

Primeiro, fiz 5 vezes 20 e, depois, multipliquei o resultado por 7.

Eu fiz 20 vezes 7 e, depois, multipliquei o resultado por 5.

$5 \times 20 \times 7$

126 cento e vinte e seis

Observe que Iaci e Ana chegaram ao mesmo resultado.

$(5 \times 20) \times 7 = 100 \times 7 = 700$

$5 \times (20 \times 7) = 5 \times 140 = 700$

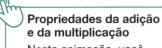

Propriedades da adição e da multiplicação
Nesta animação, você verá algumas situações que envolvem adição e multiplicação.

$$(5 \times 20) \times 7 = 5 \times (20 \times 7)$$

Em uma multiplicação com mais de dois fatores, podemos associá-los de maneiras diferentes sem que o produto se altere.

Distributiva

1 Este esquema mostra a disposição das poltronas e cadeiras de um auditório.

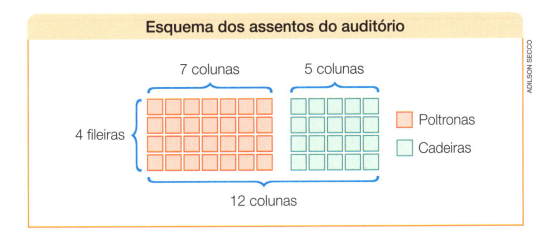

Esquema dos assentos do auditório

4 fileiras — 7 colunas (Poltronas) — 5 colunas (Cadeiras) — 12 colunas

Vamos calcular de dois modos a quantidade de assentos do auditório.

Com apenas uma operação	Por partes, fazendo 3 operações
$4 \times 12 = 48$	Poltronas: $4 \times 7 = 28$ Cadeiras: $4 \times 5 = 20$ Total: $28 + 20 = 48$

$4 \times 12 = 4 \times (7 + 5) = 4 \times 7 + 4 \times 5 = 28 + 20 = 48$

No total, o auditório tem 48 assentos.

1. Observe como Bruno multiplicou 9 por 45.

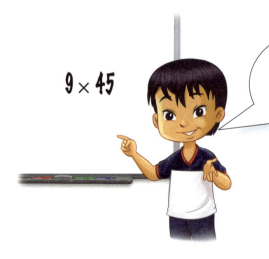

45 é o mesmo que 50 − 5. Então, multipliquei 9 por 50 (9 × 50 = 450) e 9 por 5 (9 × 5 = 45). Depois subtraí os resultados: 450 − 45 = 405

O raciocínio de Bruno pode ser escrito assim:

9 × 45 = 9 × (50 − 5) = 9 × 50 − 9 × 5 = 450 − 45 = 405

Na multiplicação de um número por uma adição (ou subtração), podemos multiplicar esse número pelos termos da adição (ou subtração) e adicionar (subtrair) os resultados obtidos.

Elemento neutro

2. Observe, agora, as multiplicações.

4 × 1 = 4   6 × 1 = 6   9 × 1 = 9

1 × 4 = 4   1 × 6 = 6   1 × 9 = 9

Multiplicando qualquer número por 1, o resultado é o próprio número. O número **1** é o **elemento neutro** da multiplicação.

Observação

Qualquer número multiplicado por **zero** é igual a **zero**.

5 × 0 = 0   7 × 0 = 0   9 × 0 = 0

0 × 5 = 0   0 × 7 = 0   0 × 9 = 0

Praticando

1 Escreva o nome de cada propriedade da multiplicação aplicada nas igualdades a seguir.

a) 17 × (6 − 5) = 17 × 6 − 17 × 5 ▶ _____

b) 15 × 12 = 12 × 15 ▶ _____

c) (7 × 2) × 5 = 7 × (2 × 5) ▶ _____

d) 4 × (5 + 2) = 4 × 5 + 4 × 2 ▶ _____

2 Calcule utilizando a propriedade distributiva.

> **Exemplo:**
> 5 × (10 + 8) = 5 × 10 + 5 × 8 = 50 + 40 = 90

a) 4 × (7 − 5) = _____

b) 20 × (8 − 3) = _____

c) 15 × (8 + 2) = _____

d) 10 × (12 + 3) = _____

3 Observe o exemplo e efetue a multiplicação a seguir, aplicando a propriedade associativa.

> **Exemplo:**
> 2 × 3 × 5 = 30
> (2 × 3) × 5 = 6 × 5 = 30
> ou
> 2 × (3 × 5) = 2 × 15 = 30

- 15 × 4 × 5 = _____

4 Arme e efetue a multiplicação abaixo, aplicando a propriedade comutativa.

> **Exemplo:**
> 13 × 12 = 156
>
> ```
>     1 3          1 2
> ×   1 2      ×   1 3
> ─────────    ─────────
>     2 6          3 6
> + 1 3        + 1 2
> ─────────    ─────────
>   1 5 6        1 5 6
> ```

- 18 × 15 = _____

cento e vinte e nove **129**

5 Observe a figura e aplique a propriedade distributiva para determinar o total de quadradinhos da figura.

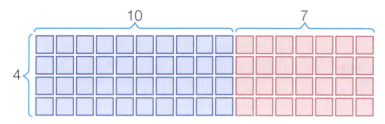

No total, há _____ quadradinhos na figura.

6 Complete e identifique a propriedade utilizada em cada caso.

a) 2 × 3 = _____ × _____ = _____ ▶ _____

b) 2 × (10 + 5) = _____ × _____ + _____ × _____ = _____ + _____ = _____ ▶

_____

7 Veja como Allan e Beatriz pensaram para calcular a quantidade de vasos da caixa.

- Agora, faça o que se pede.

a) Quem resolveu corretamente? Por quê?

_____

b) Essa situação ocorre com outros números? Se sim, exemplifique.

_____

9 Conferindo multiplicações

Aprendendo

Podemos verificar se a multiplicação está correta efetuando a prova.

Exemplo:

```
  ¹
  1 5                    Prova
×   3              4 5 │ 3           4 5 │ 1 5
─────             - 3  │ 1 5         - 4 5 │ 3
  4 5             ─────              ─────
                    1 5      ou        0 0
                  - 1 5
                  ─────
                    0
```

> Em uma multiplicação, o produto dividido por um dos fatores é igual ao outro fator.

Praticando

1 Arme e efetue a multiplicação e, depois, tire a prova.

a) 8 × 45   Prova

b) 7 × 134   Prova

2 Descubra os fatores que faltam nas multiplicações a seguir.

a) ☐ × 7 = 126

b) 9 × ☐ = 306

10 Expressões numéricas

Aprendendo

O resultado de uma expressão numérica envolvendo **adição**, **subtração** e **multiplicação** deve ser obtido obedecendo a esta ordem:

1º) efetuar as multiplicações;

2º) efetuar as adições e subtrações, na ordem em que aparecem.

Veja os exemplos.

- $17 - \underline{5 \times 3} + 4 =$
  $= 17 - 15 + 4 =$
  $= 2 + 4 = 6$

- $\underline{8 \times 4} - \underline{2 \times 5} + 7 =$
  $= 32 - 10 + 7 =$
  $= 22 + 7 = 29$

Observação

Em uma expressão numérica com **parênteses**, efetuamos inicialmente as operações dentro dos parênteses, mantendo a ordem de resolução das operações.

Exemplos.

- $3 \times (2 + \underline{5 \times 4}) - 3 \times 2 =$
  $= 3 \times (2 + 20) - 3 \times 2 =$
  $= 3 \times 22 - 3 \times 2 =$
  $= 66 - 6 = 60$

- $(\underline{8 \times 3} - 15) \times (3 \times 4 + 12) =$
  $= (24 - 15) \times (\underline{3 \times 4} + 12) =$
  $= (24 - 15) \times (12 + 12) =$
  $= 9 \times 24 = 216$

Praticando

Calcule o resultado de cada uma das expressões numéricas.

a) $15 + 7 \times 5 - 4 =$

b) $20 - 5 \times 4 + 8 =$

c) $20 - (10 - 2 \times 4) + 9 \times 2 =$

11 Problemas envolvendo multiplicação

Aprendendo

🔹 O auditório de uma escola possui 56 fileiras de poltronas. Em cada uma delas, há 22 poltronas. Na abertura do ano letivo, ficaram apenas 16 poltronas livres.

- Quantas poltronas foram ocupadas nesse evento?

    Número de poltronas: são 56 fileiras de 22 poltronas cada.

    56 × 22 = 1 232 ⟶ 1 232 poltronas

    Número de poltronas ocupadas:

    1 232 − 16 = 1 216 ⟶ 1 216 poltronas
    Portanto, foram ocupadas 1 216 poltronas.

🔹 A construtora Tijolão comprou 60 milheiros de telhas para cobrir um conjunto habitacional de 12 casas.

- Quantas telhas sobraram, sabendo que em cada casa foram usadas 4 800 telhas?

    60 milheiros ⟶ 60 × 1 000 = 60 000

    Em uma casa foram usadas 4 800 telhas.

    Telhas usadas em 12 casas:

    12 × 4 800 = 57 600 ⟶ 57 600 telhas

    Telhas que sobraram do total comprado:

    60 000 − 57 600 = 2 400 ⟶ 2 400 telhas

    Portanto, sobraram 2 400 telhas.

Praticando

1 Em um torneio de tênis, cada tenista recebeu 2 dúzias de bolas. Havia 36 tenistas no torneio, quantas bolas foram necessárias?

Foram necessárias _____ bolas de tênis.

2 Um terreno foi repartido em 26 lotes. Cada lote tem uma área igual a 240 metros quadrados. Quantos metros quadrados de área tem o terreno loteado?

O terreno loteado tem _____ metros quadrados de área.

3 Em 2010, o veleiro Plastiki foi construído com garrafas PET usadas. Nele havia 2 plataformas de flutuação com cerca de 6 milheiros de garrafas PET cada uma. Quantas garrafas PET, aproximadamente, foram usadas nessa embarcação?

A energia do Plastiki era totalmente limpa. Foram utilizados bicicletas, geradores eólicos e painéis solares para obter energia elétrica.

Foram usadas aproximadamente _____ garrafas PET no veleiro Plastiki.

4 Observe a tabela e complete-a com o total de pontos obtidos por país, sabendo que são atribuídos 5 pontos para cada medalha de ouro, 3 pontos para cada medalha de prata e 1 ponto para cada medalha de bronze.

Tabela de medalhas				
	Ouro	Prata	Bronze	Total de pontos
País A	38	52	16	
País B	34	54	26	
País C	32	46	24	

5 Leia as informações de Marta e de Gabriel e, depois, responda às questões.

1 século corresponde a 100 anos.

1 milênio corresponde a 1000 anos.

a) Quantos anos há em 30 séculos? _____

b) Quantos anos há em 8 milênios? _____

c) Em 2 milênios, há quantos séculos? _____

d) Em 8 milênios, há quantos séculos? _____

6 Um caminhão descarregado pesa 4 320 kg. Calcule a massa total desse caminhão quando estiver carregado com 48 sacos de 60 kg cada um.

A massa total do caminhão carregado é _____ quilogramas.

7 Cátia pensou em um número. Na sequência, multiplicou-o por 6 e adicionou 12 ao resultado, encontrando 96. Em que número Cátia pensou?

? → ×6 → +12 → 96

Cátia pensou no número _____.

8 Isabela recebeu R$ 100,00 de sua mãe como presente de aniversário. Ela comprou um CD por R$ 18,00 e uma camiseta pelo triplo do preço do CD. Quanto lhe restou?

Restaram-lhe _____.

9 Lucas comprou 3 cadernos por R$ 14,00 cada um, 1 livro por R$ 36,00 e uma pasta pelo terço do preço do livro. Quanto ele gastou?

Lucas gastou _____.

10 Para a excursão dos alunos das turmas do 4º ano, uma escola alugou 7 ônibus com capacidade para 45 passageiros cada um. Qual a quantidade máxima de alunos que poderão participar dessa excursão, sabendo que 10 professores vão acompanhar os alunos?

Poderão participar dessa excursão _____ alunos.

11 Em um torneio de *beach tennis*, cada jogador recebe 3 dúzias de bolas. Quantas bolas serão necessárias em um torneio em que participam 96 jogadores?

O *beach tennis* é um esporte que surgiu na Itália, mais precisamente na província de Ravena, na década de 1980.

Serão necessárias _____ bolas.

12 O parque eólico Praias de Parajuru, no município de Beberibe (CE), possui 19 aerogeradores de 1 500 quilowatts de potência cada.

- Qual é a potência total desse parque eólico em quilowatts?

Parque eólico do Ceará.

A potência total do parque eólico Praias de Parajuru é _____ quilowatts.

13 Para cobrir 2 casas são necessárias 4 896 telhas. Para cobrir 6 casas iguais a essas, quantas telhas serão necessárias?

Serão necessárias _____ telhas.

cento e trinta e sete

12 Múltiplos de um número natural

Aprendendo

Observe as multiplicações a seguir.

5 × 0 = 0
5 × 1 = 5
5 × 2 = 10
5 × 3 = 15
5 × 4 = 20
5 × 5 = 25

Os números 0, 5, 10, 15, 20 e 25 são múltiplos de 5. Podemos representar o conjunto dos múltiplos de 5 da seguinte maneira:

M(5) = {0, 5, 10, 15, 20, 25, ...}

O conjunto dos múltiplos de um número natural é **infinito**; por isso, usamos reticências (...) na representação.

> **Múltiplo** de um número natural é o produto desse número por outro número natural.

Observações

1. Zero é múltiplo de qualquer número.
   - 5 × 0 = 0
   - 6 × 0 = 0
   - 8 × 0 = 0

2. Todos os números naturais são múltiplos de 1.
   M(1) = {0, 1, 2, 3, 4, 5, 6, ...}

3. Todo número natural é múltiplo de si mesmo.
   - 5 × 1 = 5
   - 6 × 1 = 6
   - 7 × 1 = 7
   - 10 × 1 = 10
   - 100 × 1 = 100
   - 1 025 × 1 = 1 025

Praticando

1 Determine os múltiplos dos números a seguir, efetuando os cálculos.

a) 5
- × 2 = _____
- × 3 = _____
- × 4 = _____

c) 10
- × 3 = _____
- × 5 = _____
- × 8 = _____

b) 6
- × 4 = _____
- × 6 = _____
- × 9 = _____

d) 8
- × 2 = _____
- × 5 = _____
- × 9 = _____

2 Calcule os três menores múltiplos de 7.

a) 7 × 0 = _____
b) 7 × 1 = _____
c) 7 × _____ = _____

3 Escreva o conjunto dos múltiplos de 3 no espaço a seguir.

M(3) = { _____ }

4 Complete os conjuntos com os seis primeiros múltiplos de cada número a seguir.

a) M(4) = { ____, ____, ____, ____, ____, ____, ...}
b) M(6) = { ____, ____, ____, ____, ____, ____, ...}
c) M(8) = { ____, ____, ____, ____, ____, ____, ...}
d) M(9) = { ____, ____, ____, ____, ____, ____, ...}

5 Determine os múltiplos de 5 menores que 50.

_____

6 Determine os múltiplos de 7 menores que 70.

_____

Investigando a chance

Combinação de possibilidades

1 Bruno e Ana estão brincando de formar números de 2 algarismos sorteando bolas numeradas de duas urnas. Em uma urna foram colocadas bolas vermelhas numeradas de 1 a 4 e, na outra urna, foram colocadas bolas azuis numeradas de 5 a 8.

As bolas vermelhas indicam o algarismo da ordem das unidades e as bolas azuis, o algarismo da ordem das dezenas.

a) Complete o quadro abaixo com os possíveis números que eles podem formar.

	Possíveis números que podem ser formados			
Bolas azuis	Bolas vermelhas			
	1	2	3	4
5		52		
6	61			
7				74
8			83	

b) Quantos números podem ser formados? _____

c) Se sair uma bola azul com o número 8, quais números poderão ser formados?

_____

d) A chance de sair um número menor que 60 é maior, menor ou igual à chance de sair um número maior que 60? _____

2 Um conjunto formado por uma camiseta e uma bermuda será sorteado. Para fazer esse sorteio foram utilizadas duas urnas: uma com uma camiseta vermelha, uma amarela e uma verde e outra com uma bermuda azul e outra preta.

- Veja, a seguir, as diferentes maneiras de combinar as camisetas e as bermudas para formar o conjunto. Depois, responda às questões.

Combinações de conjuntos que podem ser sorteados

Bermudas \ Camisetas	(amarela)	(vermelha)	(verde)
(azul)	amarela + azul	vermelha + azul	verde + azul
(preta)	amarela + preta	vermelha + preta	verde + preta

a) O conjunto pode ser formado de quantas maneiras? _____

b) A chance de ser sorteado um conjunto com camiseta vermelha é maior, menor ou igual à chance de ser sorteado um conjunto com camiseta verde?

_____

3 Isabela está brincando de lançar, ao mesmo tempo, duas "moedas honestas": uma vermelha e uma azul.

Reúna-se com um colega e assinalem **V** para as afirmações verdadeiras e **F** para as falsas.

☐ São 4 as possibilidades de resultado que ela pode obter.

☐ É impossível ela obter coroa nas duas moedas.

☐ A chance de ela obter duas caras é igual à chance de ela obter duas coroas.

Lendo e descobrindo

Economizando água

Veja as atitudes que Marta e Hugo vão tomar para economizar água.

> **Sugestão de leitura**
>
> *Eu fecho a torneira: Para economizar água*, de Jean-René Gombert. Leia mais informações sobre esse livro na página 356.

Em um banho de 15 minutos, usamos, em média, 130 litros de água. Se eu reduzir meu banho para 5 minutos, gastarei, em média, 43 litros de água.

Usamos, aproximadamente, 10 litros de água quando escovamos os dentes por 5 minutos com a torneira aberta. Para economizar, abrirei a torneira apenas na hora de molhar a escova e, depois, para enxaguar a boca.

ILUSTRAÇÕES: JOSÉ LUIS JUHAS

Agora, em seu caderno, faça o que se pede.

1. Marta mora com seus pais e seus dois irmãos. Se todos tomarem um banho de 15 minutos por dia, quantos litros de água serão consumidos com o banho de todos em uma semana?

2. Se Marta e cada membro de sua família tomarem um banho em 5 minutos todos os dias, quantos litros de água serão economizados em uma semana?

3. Na casa de Hugo moram 6 pessoas. Todos escovam os dentes 4 vezes ao dia. Se, em cada escovação, eles deixarem a torneira aberta por 5 minutos, quantos litros de água serão usados em um dia?

4. Reúna-se com um colega e elaborem um cartaz incentivando as pessoas a economizar água. Para isso, pesquisem na internet, em revistas, livros ou jornais o motivo pelo qual precisamos economizar água, além de outras atitudes úteis para a economia de água.

Praticando mais

1 Uma *van* transporta seis passageiros por viagem. Quantos passageiros poderão ser transportados por essa *van* em 35 viagens? _____

2 Podemos comprar queijo fatiado em embalagens com 8 fatias. Complete o quadro a seguir, indicando quantas fatias de queijo você teria se comprasse diferentes quantidades de embalagens.

Embalagens	1	2	3	4	5	6	7	8	9	10
Fatias	8				40					

3 Ana e Mário foram a uma papelaria.

Olha, Mário, os números que indicam os preços são resultados da tabuada do 3.

Nossa! E eles formam uma sequência que vai aumentando de 3 em 3 unidades.

- Analise os comentários de Ana e Mário e faça o que se pede.

  a) Qual deles fez a afirmação correta? _____

  b) Qual multiplicação pode ser feita para determinar o preço de 20 canetas? Registre a multiplicação com o resultado e o preço das canetas.

  _____

  c) Quantas canetas se pode comprar com 30 reais? _____

4 No estoque de um bazar, há 142 caixas de canetas coloridas, iguais à ilustrada ao lado.

- Quantas canetas coloridas, ao todo, há no estoque desse bazar?

  Ao todo, há _____ canetas no estoque.

cento e quarenta e três **143**

5 Uma loja de esportes comprou do fabricante 2 lotes de camisas, cada um deles com 1 450 unidades. Quantas camisas foram compradas por essa loja? _____

6 Beatriz efetuou de duas maneiras diferentes a multiplicação a seguir.

1) $4 \times 23 = 4 \times (20 + 3) = 4 \times 20 + 4 \times 3 = 80 + 12 = 92$

2)
```
  2 3        →        20 + 3
×   4        →      ×      4
_____              _____
                     80 + 12
                        92
```

- Utilize uma dessas maneiras para efetuar as multiplicações.

a) $6 \times 56 =$ _____

b) $3 \times 89 =$ _____

c) $8 \times 34 =$ _____

7 Qual é o total de quadradinhos desta figura? Pense e complete.

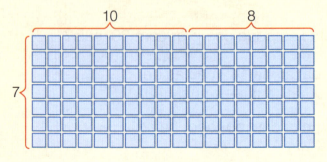

$7 \times 18 = 7 \times (10 + 8) =$ _____

cento e quarenta e quatro

8 Observe como Iaci pensou para calcular o resultado de 3 × 20.

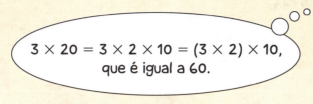

3 × 20 = 3 × 2 × 10 = (3 × 2) × 10, que é igual a 60.

- Agora, faça como Iaci e calcule em seu caderno as multiplicações abaixo.

a) 5 × 30
b) 7 × 40
c) 8 × 50
d) 4 × 90
e) 6 × 20 × 3
f) 70 × 2 × 9

9 A tecla com o número 7 da calculadora de Mário não está funcionando. Veja as teclas que ele usou para calcular 7 × 24.

3 + 4 = × 2 4 = 168

a) O procedimento de Mário está correto? Justifique sua resposta.

b) Você faria de outra maneira? Se sim, como?

- Agora, reúna-se com um colega e, com o auxílio de uma calculadora, calculem 58 × 9 sem usar a tecla 5.

10 Júlio sempre compra 10 livros por ano, mas só consegue ler, em média, 7 livros por ano. Em 5 anos, quantos livros ele comprou e não leu?

Desafio

Uma escola precisa comprar mesas e cadeiras novas para seu refeitório. As mesas, com 4 cadeiras cada uma, serão distribuídas em 3 setores do refeitório. Em cada setor, cabem 8 fileiras de mesas, e em cada fileira cabem 14 mesas. Quantas mesas e cadeiras deverão ser compradas?

cento e quarenta e cinco **145**

UNIDADE 5
Divisão

Arrecadação de brinquedos

Escola	Quantidade de brinquedos arrecadados
A	☐☐☐⌐
B	☐☐☐☐
C	☐☐☐☐

Cada | corresponde a 10 brinquedos

Trocando ideias

1. Veja na tabela a quantidade de brinquedos arrecadados por 3 escolas de um bairro. Esses brinquedos serão distribuídos, igualmente, entre 4 instituições. Quantos brinquedos cada instituição receberá?

2. Se fossem 8 instituições, quantos brinquedos cada uma delas receberia?

1 As ideias da divisão

Aprendendo

Repartir igualmente

- Ana tem 12 bolinhas de tênis e distribuiu-as igualmente em 4 caixas.

Veja como ela fez.

Coloquei 3 bolinhas em cada caixa.

Note que o resultado da divisão de 12 por 4 pode ser representado assim:

$12 \div 4 = 3$ (lemos: doze dividido por quatro é igual a três)

Observe o algoritmo e o nome dos **termos da divisão**.

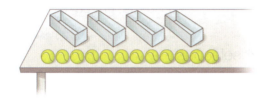

Portanto:
- **Dividendo** é o número a ser dividido.
- **Divisor** é o número que divide o dividendo.
- **Quociente** é o resultado da divisão.
- **Resto** é o número que sobra na divisão. Quando o resto é igual a zero, dizemos que a **divisão é exata**.

A divisão é a **operação inversa** da multiplicação.

Veja um exemplo.

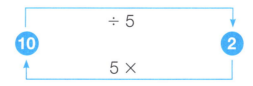

Quando a divisão é exata, temos:

$$\text{dividendo} = \text{divisor} \times \text{quociente}$$

Quantas vezes uma quantidade cabe em outra

1 Desde 1998, 32 seleções participam da Copa do Mundo de Futebol. De acordo com o regulamento da competição, essas seleções devem ser divididas em grupos, cada grupo com 4 seleções.

Para saber quantos grupos podem ser formados, verificamos quantas vezes a quantidade 4 (seleções) **cabe** na quantidade 32 (seleções), ou seja, fazemos a divisão 32 ÷ 4.

$$32 \div 4 = 8$$

Portanto, podem ser formados 8 grupos com 4 seleções.

Sorteio para a Copa do Mundo da Fifa na Rússia, em 2018.

Praticando

1 Use o algoritmo e efetue as divisões a seguir.

a) 45 ÷ 3 = _____

b) 90 ÷ 6 = _____

c) 74 ÷ 2 = _____

d) 84 ÷ 6 = _____

e) 96 ÷ 6 = _____

f) 84 ÷ 7 = _____

2 Escreva os termos da divisão exata a seguir, sabendo que o quociente é 5 e o divisor é 6.

3 Leia a informação de João e responda à questão.

Tenho 600 laranjas e quero dividi-las igualmente em 5 caixas. Quantas laranjas devo colocar em cada caixa?

João deve colocar _____ laranjas em cada caixa.

4 Calcule mentalmente e faça o que se pede.

a) Quantas vezes o número 6 cabe no 30? _____

b) Quantas vezes o número 6 cabe no 60? _____

c) Quantas vezes o número 6 cabe no 120? _____

d) Quantas vezes o número 6 cabe no 1 200? _____

• Explique para um colega como você descobriu a resposta do item **d**.

5 Uma empilhadeira pode transportar no máximo 8 sacos de cimento de cada vez. Quantas viagens, no mínimo, serão necessárias para que essa empilhadeira transporte 384 sacos de cimento do setor de estocagem para o setor de distribuição? _____

Resolvendo problemas

Ana, Lucas e Isabela vão dividir 9 biscoitos. Veja duas maneiras de como eles podem fazer isso.

1ª) Ana receberá 2 biscoitos, Lucas, 4 biscoitos, e Isabela, 3 biscoitos.

2ª) Ana receberá 1 biscoito, Lucas não receberá biscoitos, e Isabela receberá 8 biscoitos.

a) Existem outras maneiras de fazer essa distribuição? Se existirem, escreva duas outras formas. _____

b) Converse com os colegas: é possível dividir essa quantidade em partes iguais? Se for, como?

6 Uma loja especializada em automodelismo disponibilizou um novo produto cuja caixa possui 60 retas e 24 curvas para serem distribuídas, igualmente, entre 4 pistas. Sabe-se que cada pista recebeu a mesma quantidade de retas e curvas. Quantas retas e quantas curvas terá cada uma delas?

Cada pista terá _____ retas e _____ curvas.

7 Uma bibliotecária distribuiu igualmente 320 livros infantis em 8 prateleiras. Quantos livros foram colocados em cada prateleira?

Foram colocados _____ livros em cada prateleira.

2 Divisão não exata

Aprendendo

1 João Carlos deseja guardar suas 13 bolas de tênis em 4 embalagens. Em cada embalagem cabem 3 bolas. Quantas embalagens ficarão completas?

Para responder à questão, devemos dividir 13 por 3. Observe.

```
  1 3 | 3
 -1 2   4
  ___
    1
```

13 dividido por 3 dá 4 e sobra 1

Portanto, 4 embalagens ficarão completas e sobrará 1 bola.

Podemos dizer que:
- a **divisão não exata** de dois números naturais apresenta resto **diferente de zero**;
- a **divisão exata** de dois números naturais apresenta resto **igual a zero**.

Em qualquer divisão, temos:

$$\text{dividendo} = \text{divisor} \times \text{quociente} + \text{resto}$$

Observação

Quando dividimos um número por outro, o resto deve ser sempre menor que o divisor. Assim, o maior resto possível de uma divisão não exata é igual ao divisor menos uma unidade.

Exemplos:

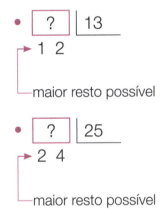

Praticando

1 Observe o quadro abaixo e, depois, responda às questões.

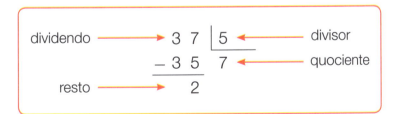

a) Essa divisão é exata? Por quê? _____

b) Qual é o resto dessa divisão? _____

2 Com o algoritmo usual determine o quociente e o resto das divisões a seguir.

a) 74 ÷ 8

quociente _____
resto _____

b) 96 ÷ 5

quociente _____
resto _____

c) 68 ÷ 6

quociente _____
resto _____

d) 80 ÷ 9

quociente _____
resto _____

3 Determine o maior resto possível nas divisões que apresentam os divisores abaixo:

a) ☐ | 15

b) ☐ | 37

_____

_____

4 Determine o dividendo da divisão a seguir.

_____ | 9
3   5

5 Uma divisão tem quociente 8, divisor 10 e o maior resto possível. Qual é o dividendo?

O dividendo é _____.

6 Uma loja de produtos de autorama disponibilizou um lote de 50 pneus para serem distribuídos, igualmente, entre 4 competidores. Quantos pneus receberá cada um deles? Quantos pneus sobrarão?

Cada um dos competidores receberá _____ pneus, e sobrarão _____ pneus.

3 Divisor com um algarismo

Aprendendo

1 Anita coleciona fotos de animais. Ela possui 92 fotos e vai colocar 4 fotos em cada página de um álbum.

- Quantas páginas do álbum Anita utilizará para colocar todas as suas fotos?

Para determinar a quantidade de páginas que serão utilizadas, podemos fazer 92 ÷ 4.

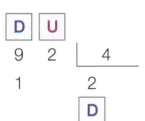

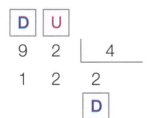

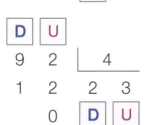

Dividindo 9 dezenas por 4, obtemos 2 dezenas, e resta 1 dezena.

Uma dezena que restou mais 2 unidades são 12 unidades.

Dividindo 12 unidades por 4, obtemos 3 unidades e o resto zero.

Portanto, Anita utilizará 23 páginas do álbum.

cento e cinquenta e três **153**

Os 245 turistas de uma agência de turismo foram distribuídos igualmente em 7 grupos para uma visita a um parque temático.

- Quantos turistas há em cada um dos grupos?

Para determinar quantos turistas há em cada um dos grupos, podemos fazer 245 ÷ 7, utilizando o algoritmo da divisão.

Como não podemos dividir 2 centenas por 7 e obter centenas, trocamos 2 centenas por 20 dezenas e juntamos com as 4 dezenas já existentes.

Dividindo 24 dezenas por 7, obtemos 3 dezenas, e restam 3 dezenas.

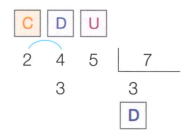

Trocamos 3 dezenas por 30 unidades e juntamos com as 5 unidades já existentes.

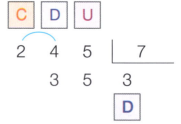

Dividindo 35 unidades por 7, obtemos 5 unidades e o resto zero.

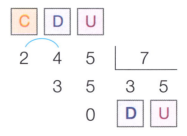

Portanto, há 35 turistas em cada um dos grupos.

1 Em uma indústria são fabricados enfeites para árvores de natal. Eles são armazenados em caixas com 8 unidades cada uma.

- Quantas caixas serão necessárias para colocar 8 657 desses enfeites?

Para determinar a quantidade de caixas, podemos fazer 8 657 ÷ 8.

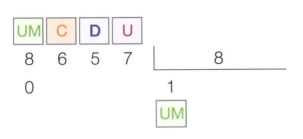 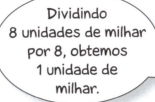 

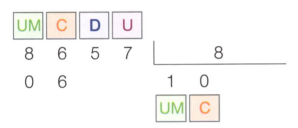 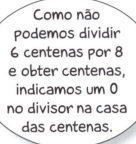 

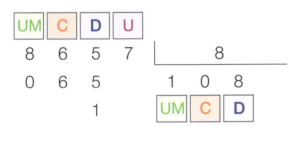 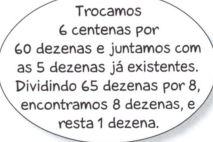 

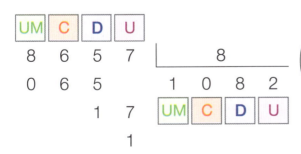 

Portanto, serão necessárias 1 082 caixas com 8 enfeites cada uma, e sobrará 1 enfeite.

1 Efetue as divisões abaixo.

a) 5 6 8 | 9

b) 9 8 7 | 6

c) 8 4 4 2 | 6

d) 7 6 5 4 | 4

e) 4 7 4 3 | 9

f) 4 2 5 6 | 7

g) 1 1 5 4 5 | 5

h) 2 4 2 2 4 | 8

2 Um quadriciclo infantil custa 1 260 reais e pode ser pago em seis parcelas iguais. Qual é o valor de cada parcela?

_____

3 Uma competição de natação terá a participação de 100 nadadores. Quantos grupos de 8 nadadores serão formados?

_____
_____

4 Divisor com dois algarismos

Aprendendo

1 Laís comprou a geladeira do anúncio e pagou em 15 parcelas iguais.

- Qual é o valor de cada uma dessas parcelas?

Para determinar o valor de cada uma das parcelas, podemos dividir 780 por 15, utilizando o algoritmo da divisão.

Como não podemos dividir 7 centenas por 15 e obter centenas, vamos dividir 78 dezenas por 15.	Dividindo 78 dezenas por 15, encontramos 5 dezenas, e restam 3 dezenas. 3 dezenas e 0 unidade formam 30 unidades.	Dividindo 30 unidades por 15, encontramos 2 unidades.

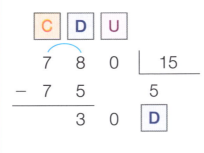

Portanto, o valor de cada uma das parcelas é 52 reais.

Em uma biblioteca, 7 315 livros devem ser distribuídos igualmente em 30 estantes.

- Quantos livros serão colocados em cada uma das estantes?

Para determinar quantos livros devem ser colocados em cada estante, podemos fazer 7 315 ÷ 30.

Como não podemos dividir 7 unidades de milhar por 30 e obter unidades de milhar, vamos dividir 73 centenas por 30.
Dividindo 73 centenas por 30, encontramos 2 centenas, e restam 13 centenas.

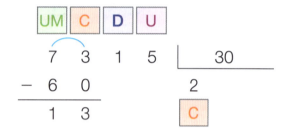

Trocamos 13 centenas por 130 dezenas e juntamos com uma dezena já existente.
Dividindo 131 dezenas por 30, encontramos 4 dezenas, e restam 11 dezenas.

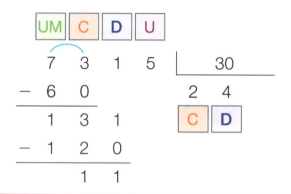

Trocamos 11 dezenas por 110 unidades e juntamos com as 5 unidades já existentes.
Dividindo 115 unidades por 30, encontramos 3 unidades, e restam 25 unidades.

Serão colocados 243 livros em cada uma das estantes, e sobrarão 25 livros.

Praticando

1 Um lote de 512 latas de leite foi embalado em caixas com 16 latas cada uma. Quantas caixas foram utilizadas?

cento e cinquenta e oito

2 Efetue as divisões.

a) 716 | 18

b) 28 584 | 23

c) 1 365 | 26

d) 37 540 | 32

3 Uma prova da *Stock Car Brasil* tem percurso total de 108 000 metros e é disputada em 27 voltas. Qual é o comprimento, em metro, correspondente a 1 volta nessa pista?

O comprimento correspondente a 1 volta nessa pista é _____ metros.

5 Divisão por 10, por 100 e por 1 000

Aprendendo

1 Acompanhe o pensamento de Iaci.

$20 \div 10 = 2$
$60 \div 10 = 6$
$90 \div 10 = 9$

Observando as divisões, podemos verificar que, para dividir um número múltiplo de 10 por **10**, basta retirar o **último zero** do dividendo.

Acompanhe o pensamento de Mário.

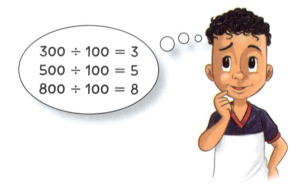

$300 \div 100 = 3$
$500 \div 100 = 5$
$800 \div 100 = 8$

Observando as divisões, podemos verificar que, para dividir um número múltiplo de 100 por **100**, basta retirar os **dois últimos zeros** do dividendo.

Agora, acompanhe o pensamento de Bruno.

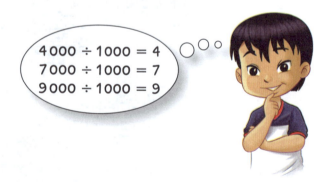

$4\,000 \div 1000 = 4$
$7\,000 \div 1000 = 7$
$9\,000 \div 1000 = 9$

Observando as divisões, podemos verificar que, para dividir um número múltiplo de 1 000 por **1 000**, basta retirar os **três últimos zeros** do dividendo.

Praticando

1 Efetue as seguintes divisões.

a) 180 ÷ 10 = _____

b) 5 600 ÷ 10 = _____

c) 72 000 ÷ 100 = _____

d) 4 000 ÷ 1 000 = _____

e) 9 500 ÷ 100 = _____

f) 500 000 ÷ 1 000 = _____

2 Calcule as divisões a seguir.

a) 60 000
- ÷ 10 = _____
- ÷ 100 = _____
- ÷ 1 000 = _____

b) 175 000
- ÷ 10 = _____
- ÷ 100 = _____
- ÷ 1 000 = _____

3 Calcule mentalmente as divisões a seguir e registre os resultados.

a) 190 ÷ 10 = _____

b) 5 800 ÷ 10 = _____

c) 7 000 ÷ 100 = _____

d) 8 500 ÷ 100 = _____

e) 8 000 ÷ 1 000 = _____

f) 90 000 ÷ 1 000 = _____

6 Conferindo divisões

Aprendendo

Para sabermos se uma divisão está correta, efetuamos a prova.

Divisão exata

Para tirar a prova da divisão exata, multiplicamos o divisor pelo quociente.

$$\text{dividendo} = \text{divisor} \times \text{quociente}$$

Exemplo:

```
  2 7 0 | 1 5
 -1 5   | 1 8
  ─────
    1 2 0
   -1 2 0
   ──────
        0
```

Prova
```
      ⁴
      1 5
   ×  1 8
   ──────
      1 2 0
   + 1 5
   ──────
      2 7 0
```

cento e sessenta e um **161**

Divisão não exata

Para tirar a prova da divisão não exata, devemos multiplicar o divisor pelo quociente e adicionar o resto ao resultado da multiplicação.

$$\text{dividendo} = \text{divisor} \times \text{quociente} + \text{resto}$$

Exemplo:

```
  3 6 7 | 1 4
 −2 8   | 2 6
  ───
    8 7
   −8 4
   ───
      3
```

Prova

```
    ²1 4        3 6 4
   × 2 6       +   3
   ─────      ─────
     8 4       3 6 7
  +2 8
  ─────
   3 6 4
```

Praticando

Efetue e tire a prova das divisões abaixo.

a) 228 ÷ 19   Prova

b) 30 478 ÷ 27   Prova

7 Expressões numéricas

Aprendendo

As expressões numéricas com as quatro operações devem ser resolvidas nesta ordem:

1º) efetuar as multiplicações e divisões na ordem em que aparecem;
2º) efetuar as adições e subtrações na ordem em que aparecem.

Em uma expressão numérica com parênteses, primeiramente efetuamos as operações dentro dos parênteses, de acordo com a ordem de resolução apresentada acima.

Exemplos:

- $8 \div 4 \times 2 + 5 - 1 \times 2 =$
  $= 2 \times 2 + 5 - 1 \times 2 =$
  $= 4 + 5 - 2 =$
  $= 9 - 2 = 7$

- $2 \times (12 - 4 \div 2 \times 3) \div 3 =$
  $= 2 \times (12 - 2 \times 3) \div 3 =$
  $= 2 \times (12 - 6) \div 3 =$
  $= 2 \times 6 \div 3 =$
  $= 12 \div 3 = 4$

Praticando

1 Resolva as expressões a seguir.

a) $250 \div 10 \times 5 + 20 - 10 \times 2 =$

b) $80 - 10 \times (16 + 4 \times 10 - 50) =$

c) $180 \div 3 + 2 - (81 - 40 \times 2) =$

d) $(600 - 40 \times 8) \div 8 - 4 =$

2 Continue resolvendo as expressões.

a) $308 \times 2 + (75 - 10 \times 2) - 400 =$

b) $15 - 5 \times 2 + (36 \div 4 - 2 \times 4) =$

8 Problemas envolvendo divisão

Aprendendo

Para transportar 48 pessoas, foram utilizados vários táxis que podiam levar 4 passageiros.

- Quantos táxis foram necessários para levar essas pessoas?

$48 \div 4 = 12$ táxis

Foram necessários 12 táxis.

Seiscentas laranjas foram distribuídas em quatro caixas. Metade foi colocada em uma caixa de cor azul. As demais foram divididas igualmente em três caixas de cor verde.

- Quantas laranjas foram colocadas em cada caixa de cor verde?

caixa azul ▶ $600 \div 2 = 300$

Sobraram, portanto, 300 laranjas para as três caixas verdes.

caixas verdes ▶ $300 \div 3 = 100$

Foram colocadas 100 laranjas em cada uma das caixas de cor verde.

Praticando

1 Luciana distribuiu as 168 fotos das últimas férias em álbuns de 28 fotos cada um. Quantos álbuns ela utilizou?

Luciana utilizou _____ álbuns.

2 Dezoito alunos do 4º ano receberam 3 330 bandeirinhas para colar no barbante e enfeitar a escola na festa de São João. Quantas bandeirinhas cada um recebeu, se elas foram distribuídas em quantidades iguais?

Cada aluno recebeu _____ bandeirinhas.

3 Alberto distribuiu 1 212 garrafas de suco em embalagens de 12 unidades cada uma. Quantas embalagens foram necessárias?

Foram necessárias _____ embalagens.

4 Paulo tinha 205 figurinhas de super-heróis. Guardou 25 delas e distribuiu o restante entre 12 amigos. Quantas figurinhas cada um de seus amigos recebeu?

Cada um dos amigos de Paulo recebeu _____ figurinhas de super-heróis.

5 Uma indústria produziu 804 automóveis que deverão ser distribuídos em concessionárias. Para isso, serão utilizados caminhões que transportam até 12 veículos. Quantos caminhões serão necessários para transportar todos esses automóveis?

Serão necessários _____ caminhões.

6 Leandro tem uma coleção com 450 carrinhos. Eles estão dispostos em prateleiras com 10 filas e 5 colunas cada uma. Quantas prateleiras serão necessárias para guardar todos os carrinhos de Leandro?

Serão necessárias _____ prateleiras para guardar todos os carrinhos de Leandro.

7 Vinícius colheu 250 caquis para vender em caixinhas com 12 caquis cada uma. Quantas caixinhas completas ele conseguirá formar com esses caquis? Quantos caquis sobrarão?

Vinícius conseguirá formar _____ caixinhas completas, e sobrarão _____ caquis.

8 Uma empresa produz adesivos que serão vendidos em cartelas. Em cada cartela há 7 fileiras com 4 adesivos. Para distribuir 4 200 adesivos, quantas cartelas serão necessárias?

Serão necessárias _____ cartelas.

9 Enquanto o bebê canguru dá 4 saltos, mamãe canguru dá 1 salto.

a) Se mamãe canguru deu 20 saltos, quantos saltos deu seu bebê?

b) Se o bebê canguru deu 60 saltos, quantos saltos deu sua mãe?

• Explique para um colega como você pensou para responder às questões.

10 Um terreno tem 20 000 metros quadrados de área. Dessa área, 5 600 metros quadrados foram vendidos para uma fábrica. A área que restou foi dividida igualmente em 12 lotes.

• Agora, responda.

a) Qual foi a área vendida para a fábrica? _____

b) Qual é a área que foi dividida em lotes? _____

c) Qual é a área de cada lote? _____

11 Um grupo de senhoras promoveu um bingo beneficente. Compareceram 144 pessoas, que foram dispostas em mesas de 8 lugares. Quantas mesas foram utilizadas?

Foram utilizadas _____ mesas.

12 Em janeiro, uma indústria de pisos de cerâmica produziu 52 000 peças, que foram distribuídas igualmente em caixas contendo material para revestir 5 metros quadrados de piso. Quantas caixas foram utilizadas, sabendo que cada metro quadrado corresponde a 8 peças?

Foram utilizadas _____ caixas.

13 Morgana tem 425 rosas para fazer buquês. Quantos buquês de uma dúzia de rosas ela conseguirá formar? Quantas rosas sobrarão?

Morgana conseguirá formar _____ buquês de rosas,

e sobrarão _____ rosas.

14 Com 12 dezenas de goiabas, quantas caixas com 1 dezena e meia de goiabas posso encher? _____

9. Divisores de um número natural

Aprendendo

1 Observe as divisões abaixo.

```
  6 | 1         6 | 2         6 | 3
 -6   6        -6   3        -6   2
 ---           ---           ---
  0             0             0

  6 | 4         6 | 5         6 | 6
 -4   1        -5   1        -6   1
 ---           ---           ---
  2             1             0
```

As divisões de 6 por 1, 2, 3 e 6 são exatas. Dizemos que 1, 2, 3 e 6 são divisores de 6. Podemos indicar o conjunto dos divisores de 6 da seguinte forma:

$$D(6) = \{1, 2, 3, 6\}$$

O conjunto dos divisores de um número natural sempre é finito.

As divisões de 6 por 4 e de 6 por 5 não são exatas. Logo, 4 e 5 não são divisores de 6.

> Divisor de um número natural é outro número natural pelo qual ele possa ser dividido e a divisão seja exata.

Observações

1. Todo número natural diferente de zero é divisor dele mesmo. Veja.

   $3 \div 3 = 1$ $4 \div 4 = 1$ $5 \div 5 = 1$

2. O maior divisor de um número natural é o próprio número. Veja.

   $D(6) = \{1, 2, 3, \mathbf{6}\}$ $D(10) = \{1, 2, 5, \mathbf{10}\}$

3. O número 1 é divisor de qualquer número natural. Observe.

   $3 \div 1 = 3$ $5 \div 1 = 5$ $6 \div 1 = 6$

cento e sessenta e nove

1 Efetue uma divisão para verificar se o número 4 é divisor de 12.

O número 4 _____ divisor de 12.

2 Determine todos os números divisores de:

a) 4 _____

b) 8 _____

c) 10 _____

d) 12 _____

e) 15 _____

3 Responda.

a) Qual é o maior divisor de um número natural? _____

b) Qual é o menor divisor de um número natural? _____

10 Critérios de divisibilidade

Aprendendo

Existem alguns critérios que nos permitem verificar se um número natural é ou não divisível por outro sem efetuar a divisão. Vamos conhecer alguns deles.

Divisibilidade por 2

> Um número natural é divisível por 2 quando é par, ou seja, quando o seu algarismo das unidades for 0, 2, 4, 6 ou 8.

Assim:
- 34 é divisível por 2, porque o algarismo das unidades é 4.
- 75 não é divisível por 2, porque o algarismo das unidades é 5.

Divisibilidade por 3

> Um número natural é divisível por 3 quando a soma dos algarismos que o compõem for divisível por 3.

Assim:

- 45 é divisível por 3, pois a soma dos seus algarismos (4 + 5 = 9) é divisível por 3.
- 71 não é divisível por 3, pois a soma dos seus algarismos (7 + 1 = 8) não é divisível por 3.

Divisibilidade por 5

> Um número natural é divisível por 5 quando o seu algarismo das unidades for 0 ou 5.

Assim:

- 70 é divisível por 5, pois o algarismo das unidades é 0.
- 85 é divisível por 5, pois o algarismo das unidades é 5.
- 73 não é divisível por 5, pois o algarismo das unidades não é 0 nem 5.

Divisibilidade por 10

> Um número natural é divisível por 10 quando o seu algarismo das unidades for 0.

Assim:

- 60 é divisível por 10, pois o algarismo das unidades é zero.
- 73 não é divisível por 10, pois o algarismo das unidades não é zero.

Praticando

1 Cerque com uma linha os números divisíveis por 2.

3   42   19   36   77   84   28   50   91

2 Escreva dois números de três algarismos que sejam divisíveis por 3.

3 Sem fazer a divisão, cerque com uma linha os números divisíveis por 3.

42   53   69   73   85   90   17   102

4 Forme uma sequência com seis números de dois algarismos que sejam divisíveis por 5.

_____

5 Marque com um **X** os números do quadro a seguir que são divisíveis por 10.

17	20	35	42	60	75	90	120	81	30

6 Observe o quadro abaixo e escreva o que se pede.

12	15	18	20	24	28	30	34	42
50	62	65	72	80	85	90	92	96

a) Os números divisíveis por 2.

_____

b) Os números divisíveis por 3.

_____

c) Os números divisíveis por 2 e por 3 ao mesmo tempo.

_____

d) Os números divisíveis por 5.

_____

e) Os números divisíveis por 10.

_____

f) Os números divisíveis por 2, 3, 5 e 10 ao mesmo tempo.

_____

Lendo e descobrindo

Assentos preferenciais

De acordo com a Lei nº 10 048, de 8 de novembro de 2000, as empresas públicas de transporte e as concessionárias de transporte coletivo devem reservar assentos, devidamente identificados, às pessoas idosas, gestantes, lactantes, obesas, portadoras de deficiência e com crianças de colo.

Esses assentos preferenciais devem ser posicionados próximo às portas de serviço, de forma que não causem dificuldades de acesso e acomodação aos usuários.

> **Sugestão de leitura**
>
> *Rodas, pra que te quero!*, de Angela Carneiro e Marcela Cálamo. Leia mais informações sobre esse livro na página 356.

A identificação desses assentos deve ser feita em local e altura de fácil visualização.

1. Agora, responda às questões com base no quadro.

Capacidade de um vagão do metrô		
Capacidade	Vagão da ponta	Vagão do meio
Assentos comuns	39	48
Assentos preferenciais	13	16
Pessoas em pé	217	235

1. Em uma composição de metrô com 6 vagões, há quantos assentos preferenciais?

2. Nessa composição, quantas pessoas podem viajar sentadas?

3. Qual é a capacidade da composição para pessoas viajarem em pé?

4. Se, em um dia, essa composição transportou 9 954 pessoas, levando 1 422 pessoas em cada viagem, quantas viagens ela fez?

cento e setenta e três **173**

Tratando a informação

Construir e interpretar gráficos de barras duplas horizontais

1 Usar o celular enquanto dirige e não usar o cinto de segurança são consideradas infrações de trânsito. A Companhia de Engenharia de Tráfego de uma cidade fez um levantamento do número de motoristas multados por essas infrações em 2018 e em 2019. O resultado desse levantamento foi organizado na tabela abaixo.

Número de motoristas multados na cidade			
Tipo de infração	Ano		Total
	2018	2019	
Não usar o cinto de segurança	6 000	4 000	10 000
Usar o celular enquanto dirige	5 000	2 000	7 000
Total	11 000	6 000	17 000

Dados obtidos pela Companhia de Engenharia de Tráfego da cidade, em janeiro de 2020.

Com base nessa tabela, foi construído um gráfico de barras duplas horizontais. Complete-o.

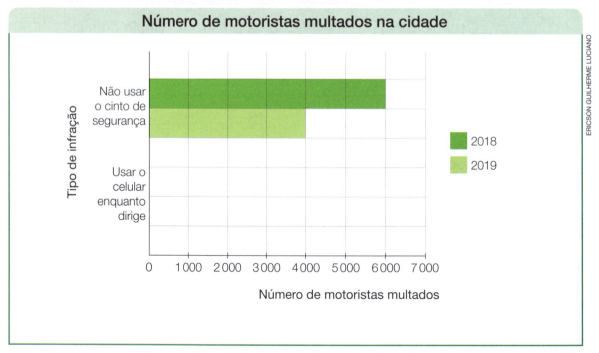

Dados obtidos pela Companhia de Engenharia de Tráfego da cidade, em janeiro de 2020.

- Agora, responda.

  a) Quantos motoristas foram multados por não usar o cinto de segurança em 2018?
  _____

  b) Em que ano foram multados 2 000 motoristas por usar o celular enquanto dirigiam?
  _____

  c) O que aconteceu com o número de motoristas multados por cometer alguma dessas infrações de 2018 para 2019? _____

  d) Se esse levantamento tivesse sido realizado em outra cidade, o resultado teria sido o mesmo? Escreva, em seu caderno, um pequeno texto para justificar sua resposta.

2 Artur é dono de duas lojas de parafusos. Ele fez um levantamento sobre a venda de um tipo de parafuso nas duas lojas nos 4 primeiros meses de 2019. Os dados obtidos foram organizados no gráfico abaixo.

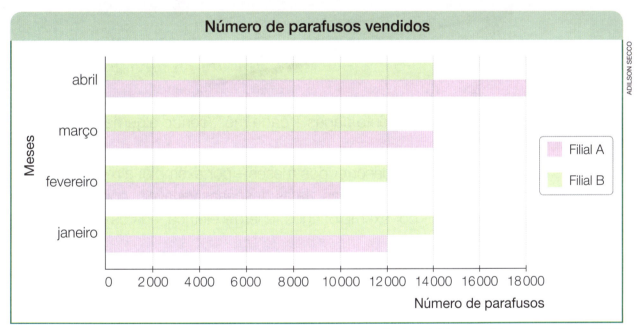

Dados obtidos por Artur, em maio de 2019.

- Agora, faça o que se pede.

  a) Quantos parafusos a filial A vendeu no mês de março? _____

  b) Quantos parafusos a filial B vendeu a mais que a filial A em fevereiro?
  _____

  c) Qual filial vendeu mais parafusos no mês de janeiro? _____

  d) Qual das filiais vendeu mais parafusos nesses 4 meses? _____

  e) Organize, em seu caderno, os dados do gráfico acima em uma tabela.

cento e setenta e cinco **175**

Educação financeira

Despesas do dia a dia

Carlos fez uma lista de algumas despesas do dia a dia em sua residência. Veja.

Despesas do dia a dia
- Despesas com energia elétrica
- Despesas com água
- Despesas com gás
- Despesas com condomínio
- Despesas com educação
- Despesas com lazer
- Despesas com comunicação
- Despesas com alimentação
- Despesas com higiene pessoal
- Despesas com vestuário
- Despesas com impostos
- Despesas com saúde
- Despesas com pessoal
- Despesas com transporte

Note que são despesas normalmente pagas a cada mês, sendo algumas delas fixas e outras variáveis.

As despesas fixas não variam no decorrer dos meses – por exemplo: a mensalidade escolar, a taxa de condomínio e o aluguel, entre outras. Já as despesas variáveis, como o nome diz, variam no decorrer dos meses – por exemplo: água, energia elétrica, gastos com saúde, gastos com lazer, entre outras.

É muito importante as famílias controlarem essas despesas para que estejam sempre de acordo com a sua renda mensal. Economizar água e energia elétrica e estabelecer metas de gastos em alguns setores é fundamental. É necessário, também, criar uma reserva mensal em uma poupança para uma eventualidade ou futuro investimento.

Agora é com você!

1. Cite três despesas pessoais com lazer. _____
2. Cite três despesas pessoais com alimentação. _____
3. Despesas com telefone são fixas ou variáveis? _____
4. Na sua opinião, quais são as três principais despesas mensais de sua família, entre as citadas? _____

Orçamento familiar

O orçamento é a ferramenta mais adequada para verificar os valores gastos com o pagamento de contas, saber quanto sobra para investimentos de seu interesse e, também, tentar fazer crescer seu patrimônio.

Suponha que você é o responsável por elaborar o orçamento de sua família. Com a ajuda de um adulto da família, complete o quadro abaixo com valores que correspondam aos gastos em cada um dos itens. Ao final, calcule o total das despesas e descubra qual é a renda mensal mínima necessária para pagar todas essas despesas.

Despesas	Valor (em real)
Energia elétrica	
Água	
Gás	
Condomínio	
Educação	
Lazer	
Comunicação	
Alimentação	
Higiene pessoal	
Vestuário	
Impostos	
Saúde	
Pessoal	
Transporte	
Total	

ENAGIO COELHO

Refletindo

a) Qual é a importância de um orçamento familiar?

b) Na sua opinião, quais são as despesas mais importantes do orçamento familiar? _____

c) Se as despesas mensais ultrapassarem a renda mensal da família, o que se deve fazer? _____

d) Algumas dessas despesas mensais podem ser pagas de forma parcelada? Quais? _____

Jogando e aprendendo

Divisão exata ou não exata?

Material para as duplas

- ✓ 2 dados
- ✓ 2 lápis de cor (um vermelho e outro azul)
- ✓ Papel e lápis para efetuar as divisões
- ✓ Duas reproduções do quadro abaixo

180 ÷ 2	193 ÷ 3	792 ÷ 12	240 ÷ 6	526 ÷ 8	424 ÷ 5
336 ÷ 4	920 ÷ 10	497 ÷ 7	177 ÷ 2	810 ÷ 9	143 ÷ 7
121 ÷ 11	723 ÷ 9	324 ÷ 4	105 ÷ 10	637 ÷ 7	800 ÷ 12
240 ÷ 3	400 ÷ 8	175 ÷ 11	305 ÷ 5	426 ÷ 4	320 ÷ 6

Maneira de brincar

1. Reúna-se a 3 colegas e formem duas duplas.
2. A primeira dupla lança os dados. A soma dos pontos obtidos nos dois dados indicará o divisor das divisões (do quadro) que serão analisadas. Se a divisão escolhida for exata, deverá ser pintada de azul; caso contrário, de vermelho. A outra dupla repetirá o procedimento.
3. Se a soma já tiver saído em outra jogada, a dupla passará a vez para a outra.
4. A dupla pode pintar 2 ou 3 divisões em cada jogada.
5. Ganhará o jogo a dupla que primeiro pintar corretamente todo o quadro.

Agora, responda.

1. Se nos dados saírem as faces 5 e 6, qual divisão deverá ser pintada de azul?
2. Quais números podem sair nos dados para que a divisão 324 ÷ 4 seja pintada?
3. Se nos dados saírem as faces 3 e 4, qual divisão deverá ser pintada de vermelho?

Praticando mais

1 Marcos comprou 1 033 ovos para sua confeitaria. Ele usou 649 na primeira semana. Depois, colocou o restante em embalagens com 1 dúzia cada uma.

- Quantas embalagens Marcos utilizou? _____

2 Uma indústria produziu 5 866 tapetes em um mês. Desses, 146 foram retirados por apresentarem defeitos. Os demais foram embalados em caixas com 8 unidades cada uma.

a) Quantos tapetes não apresentaram defeito? _____

b) Quantas caixas foram utilizadas? _____

3 O dono de uma lanchonete pagou 192 reais pela compra de 16 caixas de suco. Em cada caixa havia 6 garrafas de suco. Responda.

a) Quantas garrafas foram compradas? _____

b) Qual foi o preço de cada garrafa? _____

c) Se cada garrafa for vendida por 3 reais, qual será o lucro obtido na venda de cada garrafa? _____

Desafio

Daniela ganhou 3 dúzias de lápis de cor do pai e, da mãe, o triplo dessa quantidade. Desse total, guardou 32 lápis de cor e repartiu o restante igualmente entre 8 colegas. Quantos lápis de cor recebeu cada colega?

Cada colega recebeu _____ lápis de cor.

UNIDADE 6

Figuras geométricas planas

Trocando ideias

1. Quais figuras geométricas planas você consegue reconhecer nesta cena?

2. A lateral das duas torres principais da cidade que os alunos estão montando aparenta ser paralela ou concorrente?

1 Segmento de reta e reta

Aprendendo

Segmento de reta

 Iaci marcou dois pontos em uma folha de papel e uniu-os de duas maneiras diferentes.

 • Qual das linhas você acha que é a mais curta?

A linha que representa o caminho mais curto entre os pontos A e B é chamada **segmento de reta**.

Indicamos: $\overline{AB}$

Os pontos A e B são as extremidades do segmento $\overline{AB}$.

Reta

 Veja o que Lucas imaginou sobre o segmento $\overline{AB}$.

Vou prolongar o segmento $\overline{AB}$ para os dois lados.

Se eu prolongar esse segmento sem parar, ele não vai ter começo nem fim.

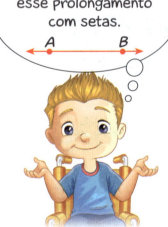

Então vou indicar esse prolongamento com setas.

Eu imaginei uma **reta**. Uma reta não tem extremidades.

Indicamos: $\overleftrightarrow{AB}$ ou r

Uma reta é ilimitada nos dois sentidos.

Observação

Veja a reta $\overleftrightarrow{AB}$ e o ponto O abaixo.

O ponto O divide a reta $\overleftrightarrow{AB}$ em duas partes. Cada uma dessas partes é uma **semirreta**.

semirreta $\overrightarrow{OA}$ semirreta $\overrightarrow{OB}$

O ponto O é denominado **origem** da semirreta.

Praticando

 1 Escreva o número de segmentos de reta que há em cada uma das figuras.

a)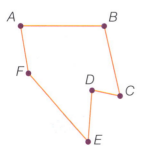

b)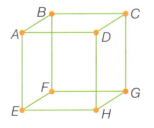

2 Indique as retas a seguir de duas maneiras.

a)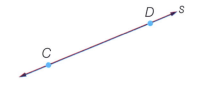
_____

b)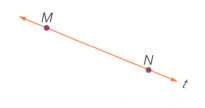
_____

3 Com uma régua, utilize segmentos de reta para unir os pontos sem que eles se cruzem e pinte a região interna obtida. Identifique os segmentos encontrados e escreva o nome da figura formada.

a)

B•   •C

A•   •D
_____

b)

      •F

•E   •G
_____

4 O segmento de reta $\overline{MN}$ tem 5 centímetros. Os pontos M e N são as extremidades do segmento $\overline{MN}$.

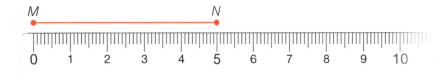

- Utilizando uma régua, determine a medida de cada segmento das figuras da atividade **3**.

  a) $\overline{AB}$ e $\overline{CD}$ ▶ _____

  b) $\overline{BC}$ e $\overline{DA}$ ▶ _____

  c) $\overline{EF}$ ▶ _____

  d) $\overline{FG}$ ▶ _____

  e) $\overline{GE}$ ▶ _____

5 Considere o ponto P e o ponto Q no caderno ao lado e faça o que se pede.

a) Com uma régua, trace 3 retas passando somente pelo ponto P.

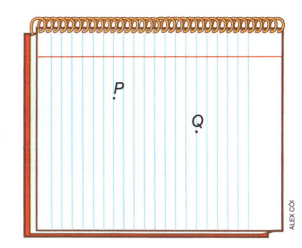

b) Converse com um colega sobre quantas retas vocês poderiam traçar passando somente pelo ponto P.

c) Passando pelos pontos P e Q, quantas retas você consegue traçar?

---

6 Considere os pontos A, D, F e H marcados na malha quadriculada abaixo. Depois, trace segmentos de reta com as medidas indicadas e determine a posição dos pontos B, E, G e I.

AB = 3 cm
DE = 2 cm
FG = 6 cm
HI = 5 cm

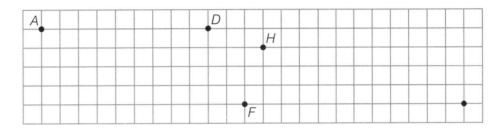

2 Ângulos

 Aprendendo

 Sugestão de leitura

A dobradura do samurai, de Ilan Brenman. Leia mais informações sobre esse livro na página 356.

No canto da pipa, na abertura dos ponteiros do relógio e na inclinação do telhado da casa foram desenhados ângulos.

cento e oitenta e cinco **185**

Ângulo reto

Alguns profissionais, como pedreiros, arquitetos e engenheiros, usam um instrumento denominado esquadro.

Esquadros

Observe como Mário traçou um ângulo, usando um esquadro e uma régua.

O ângulo que Mário desenhou é um **ângulo reto**.

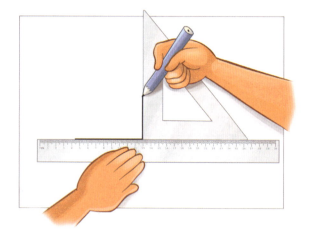

Símbolo do ângulo reto

Ângulo agudo

A ilustração ao lado representa parte de uma estrada.

- Observe o ângulo destacado em vermelho. Esse ângulo é maior ou menor que o ângulo reto?

Quando um ângulo tem abertura menor que a abertura de um ângulo reto, ele é chamado de **ângulo agudo**.

Agindo e construindo

Construindo um esquadro de papel

Material

✓ Folha de papel

✓ Lápis de cor

Tarefa

1. Pegue a folha de papel e faça uma dobra qualquer.

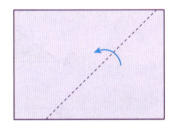

2. Dobre novamente, de modo que as extremidades da dobra anterior (os pontos vermelhos) se encontrem.

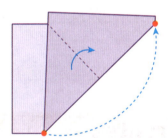

3. Pinte o ângulo reto.

4. Utilize seu esquadro para verificar os ângulos retos na capa de seu caderno.

Ângulo obtuso

 Observe o relógio ao lado.

- Pegue o esquadro que você construiu e compare o ângulo destacado em verde com o ângulo reto. O que você observou?

> Quando um ângulo tem abertura maior que a abertura de um ângulo reto, ele é chamado de **ângulo obtuso**.

Praticando

1 Classifique os ângulos destacados em reto, obtuso ou agudo.

a)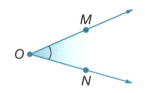

c)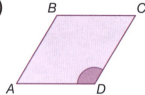

e)

b)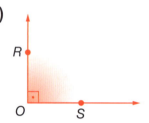

d)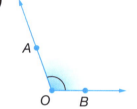

f)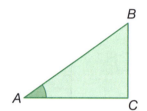

2 Quantos ângulos foram destacados em cada polígono a seguir?

a)

b)

3 Retas paralelas e retas concorrentes

Aprendendo

As retas *r* e *s* são **paralelas**. Observe.

Retas paralelas são aquelas que não se cruzam; portanto, não têm pontos comuns.

As retas *t* e *u* são **concorrentes**. Veja.

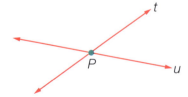

Retas concorrentes são aquelas que se cruzam em um único ponto.

As retas concorrentes podem ser classificadas da seguinte maneira:

As retas *r* e *s* são **perpendiculares**.

As retas *m* e *n* são **oblíquas**.

> **Retas perpendiculares** são aquelas que, quando se cruzam, formam ângulos retos.

As retas abaixo também são concorrentes. Veja que elas se cruzam no prolongamento delas.

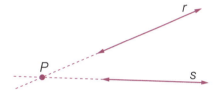

A ilustração abaixo representa parte do mapa de uma cidade. Quando vistas bem do alto, as ruas e avenidas dão a ideia de retas cortando a cidade.

Note que no cruzamento da rua D. João VI com a rua Princesa Isabel podemos observar ângulos retos; logo, essas ruas são perpendiculares.

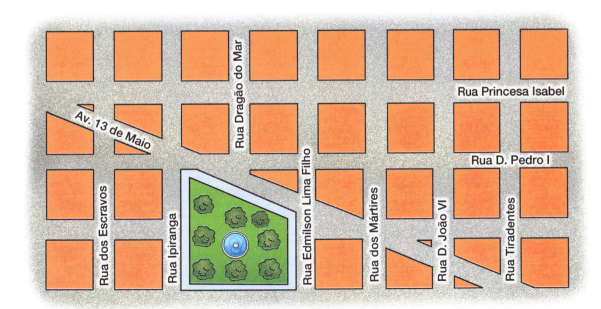

As ruas Princesa Isabel e D. Pedro I são paralelas.

A avenida 13 de Maio e a rua D. João VI não são paralelas nem perpendiculares, são oblíquas.

Praticando

1 Classifique as retas em paralelas ou concorrentes.

a)

b)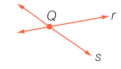

c)

_____   _____   _____

2 Observe o mapa e registre o que se pede.

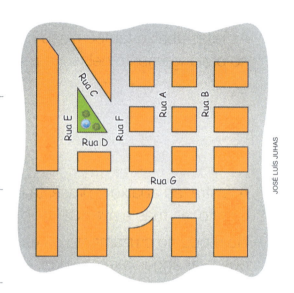

a) Duas ruas que dão a ideia de retas paralelas.

_____

b) Duas ruas que dão ideia de retas perpendiculares.

_____

c) Duas ruas que dão ideia de retas concorrentes não perpendiculares.

_____

d) Se uma pessoa estivesse no cruzamento da Rua D com a Rua F e quisesse chegar até o cruzamento da Rua G com a Rua B, como você poderia explicar o caminho para ajudá-la a chegar ao local desejado?

_____

_____

3 Com o auxílio de uma régua, trace cada uma das retas abaixo.

a) Duas retas paralelas.	b) Duas retas concorrentes perpendiculares.	c) Duas retas concorrentes oblíquas.

190 cento e noventa

4 Polígonos

Aprendendo

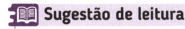
Sugestão de leitura

Uma história da China, de Martins R. Teixeira. Leia mais informações sobre esse livro na página 357.

1. Observe as figuras que Ana está mostrando.

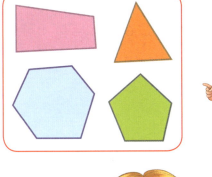

Todas essas figuras são denominadas **polígonos**. Eles são formados por um contorno e uma região interna.

Repare que o contorno dos polígonos é formado apenas por segmentos de reta que não se cruzam.

Agora, observe mais alguns polígonos.

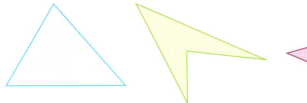 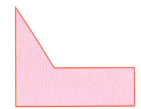

As figuras a seguir não são polígonos.

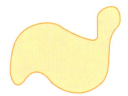 

cento e noventa e um 191

Lados e vértices de um polígono

🟥 Cada segmento de reta que forma o contorno de um polígono chama-se **lado**.

O encontro de dois segmentos de reta de um polígono é um ponto denominado **vértice**.

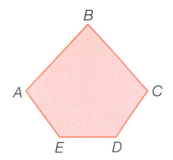

Lados: $\overline{AB}, \overline{BC}, \overline{CD}, \overline{DE}$ e $\overline{EA}$

Vértices: A, B, C, D e E

Classificação de polígonos

🟥 Um polígono pode ser classificado de acordo com seu **número de lados**. Veja.

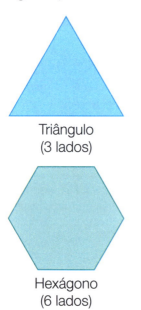

Triângulo
(3 lados)

Hexágono
(6 lados)

Quadrilátero
(4 lados)

Octógono
(8 lados)

Pentágono
(5 lados)

Decágono
(10 lados)

O número de lados é igual ao número de vértices em qualquer polígono.

??? Curiosidade

Hexágonos

Com a cera que produzem, as abelhas constroem alvéolos cuja forma lembra hexágonos. Os alvéolos são utilizados para armazenar mel e também para abrigar ovos e larvas.

Praticando

1 A composição ao lado é formada por vários polígonos de cores diferentes. Observe-a e responda às questões.

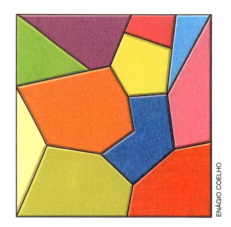

a) Há quantos triângulos? _____

b) Há quantos quadriláteros? _____

c) Há quantos pentágonos? _____

d) Há quantos hexágonos? _____

2 Marque com um **X** as figuras que são polígonos.

a)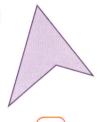

d)

g)

b)

e)

h)

c)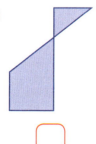

f)

i)

3 Identifique os lados e os vértices do polígono abaixo.

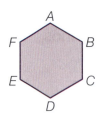

- Lados ▶ _____, _____, _____, _____, _____ e _____
- Vértices ▶ _____, _____, _____, _____, _____ e _____

4 Dê o nome dos polígonos de acordo com o número de lados.

a)

c)

e)

b)

d)

f)

5 Dê o nome, o número de vértices e o número de lados dos polígonos.

Polígonos			
Nome			
Número de vértices			
Número de lados			

5 Triângulos

Aprendendo

O triângulo é um polígono de 3 lados.

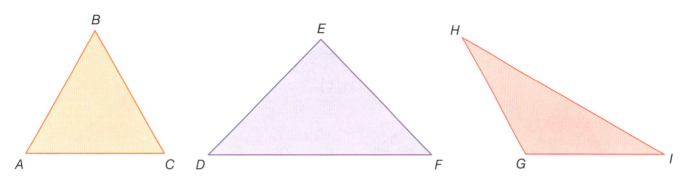

Classificação dos triângulos

Um triângulo pode ser classificado de acordo com as medidas dos seus lados.

Triângulo equilátero

Tem os três lados com a mesma medida.

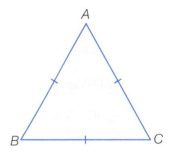

Triângulo isósceles

Tem dois lados com a mesma medida. Os lados $\overline{AB}$ e $\overline{CA}$ do triângulo ao lado têm a mesma medida. A medida do lado $\overline{BC}$ é diferente das demais.

Triângulo escaleno

Tem os três lados com medidas diferentes.

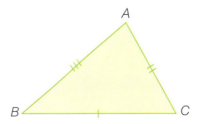

Praticando

1 Observe a legenda abaixo e, depois, classifique os triângulos com os números correspondentes.

Legenda:
- 1 equilátero
- 2 isósceles
- 3 escaleno

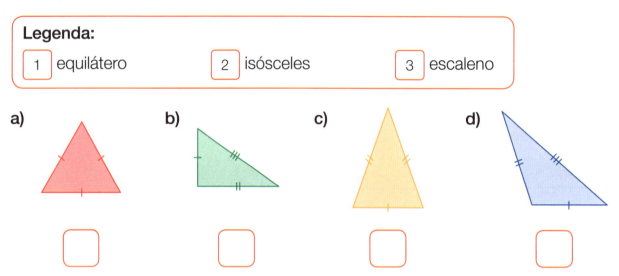

a)   b)   c)   d)

2 Complete corretamente os espaços a seguir.

a) Triângulo é um polígono de _____ lados.

b) Um triângulo que tem os três lados com a mesma medida chama-se _____.

c) Um triângulo que tem os três lados com medidas diferentes chama-se _____.

d) Um triângulo que tem dois lados com a mesma medida chama-se _____.

3 Utilizando uma régua, determine a medida dos lados do triângulo abaixo e, depois, classifique-o.

- Medida de $\overline{AB}$ ▶ _____ centímetros
- Medida de $\overline{CA}$ ▶ _____ centímetros
- Medida de $\overline{BC}$ ▶ _____ centímetros
- Classificação ▶ _____

6 Quadriláteros

Aprendendo

O quadrilátero é um polígono de 4 lados.

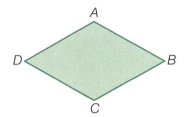

Destacaremos, a seguir, dois quadriláteros: o **paralelogramo** e o **trapézio**.

Paralelogramo

Observe as descrições do quadrilátero abaixo.

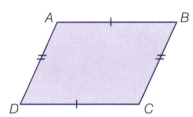

O lado $\overline{AB}$ é paralelo ao lado $\overline{CD}$.
O lado $\overline{DA}$ é paralelo ao lado $\overline{BC}$.
Os lados paralelos têm a mesma medida.

Paralelogramo é o quadrilátero que tem dois pares de lados paralelos.

Alguns paralelogramos recebem nomes especiais

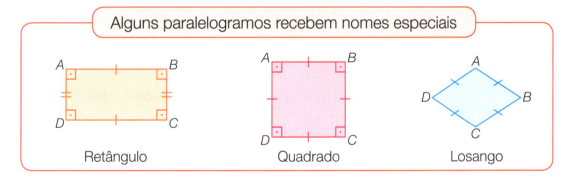

Retângulo   Quadrado   Losango

Trapézio

Observe as descrições do quadrilátero abaixo.

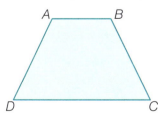

O lado $\overline{AB}$ é paralelo ao lado $\overline{DC}$.
O lado $\overline{BC}$ não é paralelo ao lado $\overline{AD}$.

Trapézio é o quadrilátero que tem apenas um par de lados paralelos.

Praticando

1 Classifique os quadriláteros a seguir em paralelogramo (**P**) ou trapézio (**T**).

a) ☐

c) ☐

e) ☐

g) ☐

b)  ☐

d) 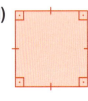 ☐

f) ☐

h)  ☐

2 Numere corretamente a segunda coluna de acordo com a primeira.

1	Nome dado a um polígono de quatro lados.
2	Quadrilátero que tem dois pares de lados paralelos.
3	Quadrilátero que tem apenas um par de lados paralelos.

☐ Paralelogramo

☐ Trapézio

☐ Quadrilátero

3 Dê o nome das figuras e indique os lados paralelos dos quadriláteros.

a) _____

c) 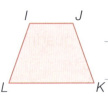 _____

b) _____

d) 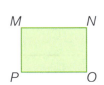 _____

7 Simetria

Aprendendo

1 Podemos identificar a presença de simetria em muitas imagens. Veja os desenhos abaixo. Neles, traçamos o **eixo de simetria** de cada um.

Repare que, se pudéssemos dobrar cada figura no eixo de simetria, as duas partes da figura coincidiriam.

Agora, observe estas figuras que Lucas desenhou.

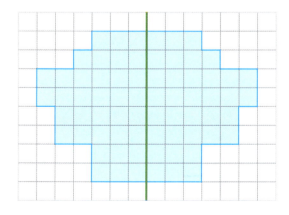

Nessa figura, o eixo de simetria é vertical.

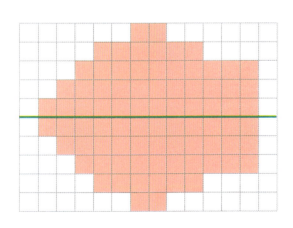

Nessa figura, o eixo de simetria é horizontal.

Praticando

1 Marque com um **X** as ilustrações em que a linha verde indica um eixo de simetria.

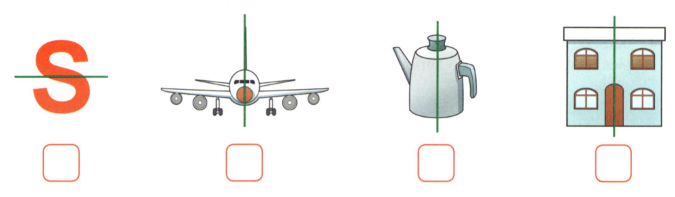

2 Analise em quais das figuras abaixo há simetria e, quando houver, trace o eixo de simetria.

  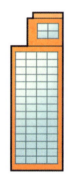 

3 Pinte os quadrinhos de cada malha quadriculada abaixo, completando a figura dada de modo que a linha verde representada seja o eixo de simetria dessa figura.

a)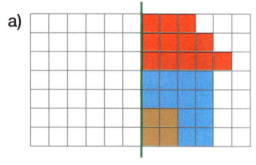

b)

Aprendendo

Figuras com mais de um eixo de simetria

Em muitos azulejos há figuras que apresentam mais de um eixo de simetria.

No azulejo ao lado, a figura apresenta 4 eixos de simetria destacados em verde.

Observe que em um quadrado há 4 eixos de simetria. Veja.

   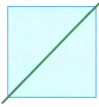

Eixo horizontal. Eixo vertical. Eixo diagonal. Eixo diagonal.

Praticando

1 Observe as figuras que Ana desenhou e trace os seus eixos de simetria.

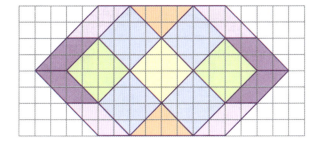 

2 Desenhe uma figura que apresente mais de um eixo de simetria na malha abaixo.

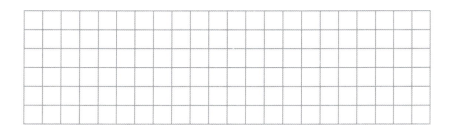

duzentos e um **201**

Aprendendo

Simétrica de uma figura

1 Iaci desenhou um peixinho do lado esquerdo da linha verde. Depois, Mário desenhou outro peixinho do lado direito dessa linha, em posição invertida.

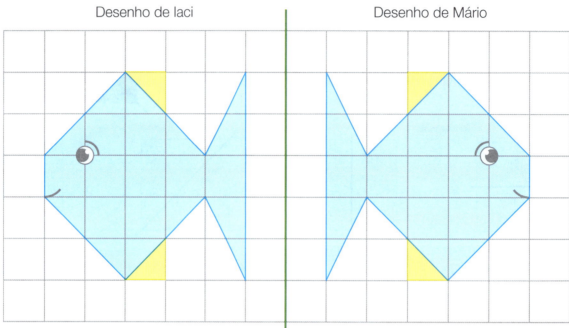

A figura que Mário desenhou é simétrica à de Iaci em relação à linha verde.

Dobrando a figura dos peixinhos no eixo de simetria, elas vão coincidir.

A linha verde representa o eixo de simetria.

Praticando

1 Observe os pares de figuras abaixo e verifique se eles apresentam figuras simétricas em relação à linha verde. Justifique a sua resposta.

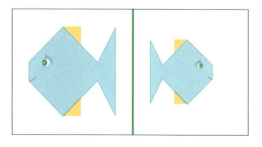 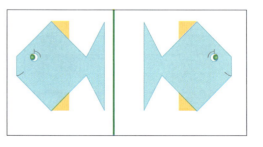

2 Desenhe e pinte a simétrica da figura em relação ao eixo verde.

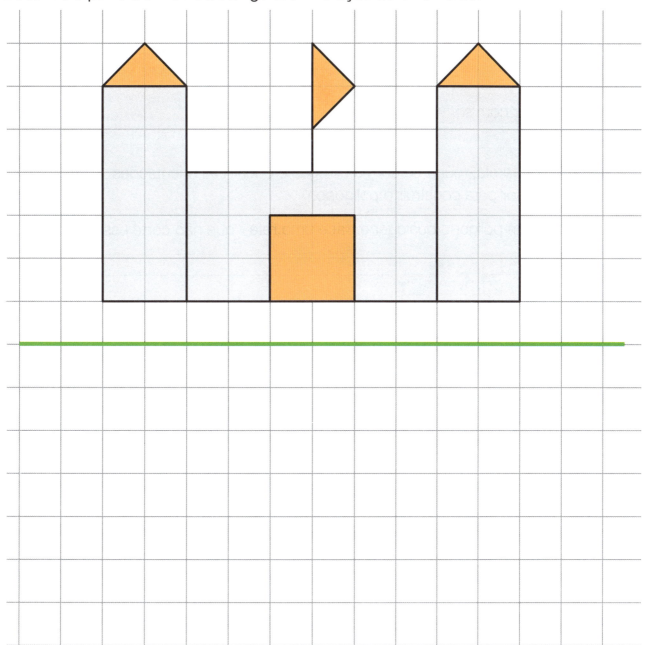

3 Marque com um **X** os pares que contêm figuras simétricas em relação à linha verde.

a)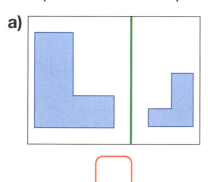

b)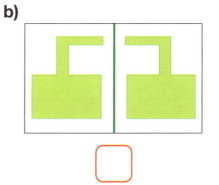

c)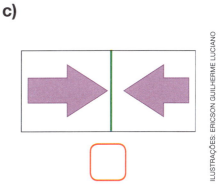

Agindo e construindo

Construindo polígonos simétricos

Material

✓ Computador com *software* de Geometria Dinâmica.

Tarefa

Para realizar a tarefa, reúna-se com 3 colegas e ouçam as orientações do seu professor para construir o polígono.

1. Construa um polígono qualquer e trace uma reta *r* que não corte esse polígono.

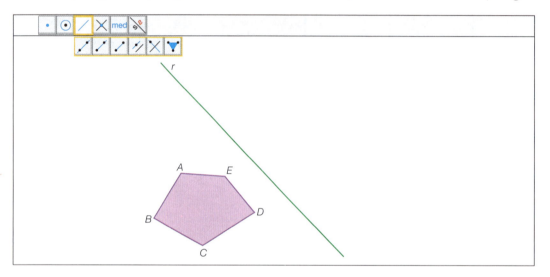

2. Construa o simétrico desse polígono em relação à reta *r*.

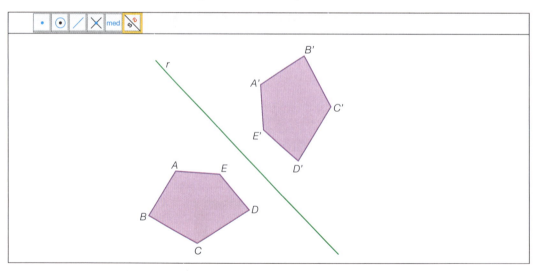

3. Meça os lados correspondentes dos polígonos construídos. O que você pode observar?

8 Geometria e Arte

Aprendendo

O uso da Geometria está muito presente no campo das artes. Diversos artistas criaram obras inspiradas em figuras geométricas planas e não planas.

Composição número 8, do artista russo Wassily Kandinsky, 1923, óleo sobre tela, 1,4 m × 2,01 m.

O mascote, do artista alemão Eberhard Schrammen, 1924, madeira, 37 cm de altura.

Também podemos notar a presença da Geometria em mosaicos.

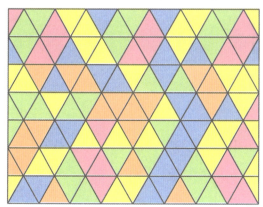
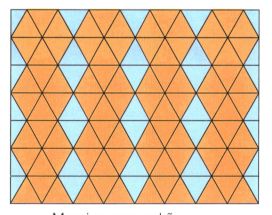

Mosaico sem padrão

Mosaico com padrão

O mosaico é uma composição feita com peças que se encaixam lado a lado. Eles costumam apresentar um padrão e podem ser encontrados em pisos, calçadas ou paredes.

Praticando

1 De quais figuras geométricas você se lembra ao observar as obras de arte acima?

duzentos e cinco **205**

2 Escreva o nome das figuras geométricas planas das quais você se lembra ao observar estas fotos.

a)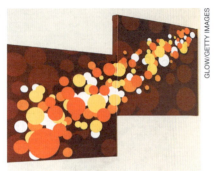

_____

b)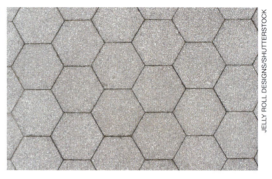

_____

3 A foto abaixo mostra a vista aérea da sede do Departamento de Defesa dos Estados Unidos.

- A superfície do prédio lembra qual polígono? Justifique sua resposta.

_____

_____

_____

_____

4 Observe os mosaicos e responda às questões.

I) 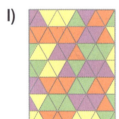 II) 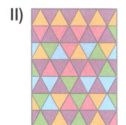 III) 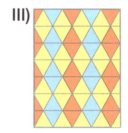 IV)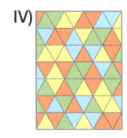

a) Qual mosaico é formado com base em um padrão? _____

b) Quais são os polígonos utilizados como padrão? _____

c) Você acha mais bonitos os mosaicos que têm padrão ou os que não têm padrão? Justifique sua resposta.

- Agora, destaque a malha da página **A10** e crie um mosaico com padrão.

Lendo e descobrindo

A simetria na arte brasileira

Alguns artistas brasileiros foram influenciados pela cultura e pelas tradições dos povos africanos, compondo uma produção artística afro-brasileira. Um dos brasileiros que receberam essa influência foi Rubem Valentim (1922-1991). Ele atribuía um caráter sagrado às suas produções, nas quais o universo religioso era um dos principais temas.

Rubem Valentim empregava cores sólidas e contrastantes em suas pinturas e esculturas. Além disso, em algumas de suas obras é possível notar que há simetria perfeita em relação a um eixo vertical, como pode ser visto nas reproduções ao lado.

Emblema 70 n. 2, de Rubem Valentim. 1970, óleo sobre tela, 120 cm × 73 cm.

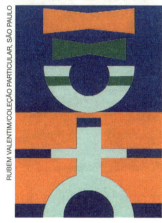

Emblema 2, de Rubem Valentim. 1973, acrílico sobre tela, 70 cm × 50 cm.

Agora, faça o que se pede.

1. Conforme orientação do seu professor, pesquise sobre a influência da cultura africana na formação do povo brasileiro. Depois, compartilhe com os colegas suas descobertas.

2. Crie uma figura sobre a malha triangular abaixo que apresente simetria.

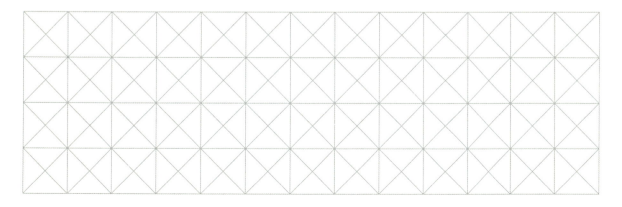

duzentos e sete 207

Praticando mais

1 Em seu caderno, desenhe um polígono de 5 ângulos, sendo 2 retos, 2 de abertura maior que a do ângulo reto e 1 de abertura menor que a do ângulo reto.

2 Observe a ilustração e faça o que se pede.

a) A Rua das Camélias é paralela à Rua das Bromélias. Cite outra rua que seja paralela à Rua das Camélias. _____

b) A Rua das Begônias é paralela à Rua das Camélias? Por quê?
_____

c) Descreva como uma pessoa localizada no encontro da Rua das Bromélias com a Rua das Begônias pode chegar no calçadão em frente à torre do salva-vidas.

3 Complete a figura, considerando o eixo de simetria na cor verde.

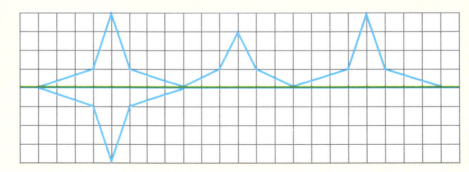

4 Complete as figuras abaixo, considerando os dois eixos de simetria (horizontal e vertical) na cor verde.

a)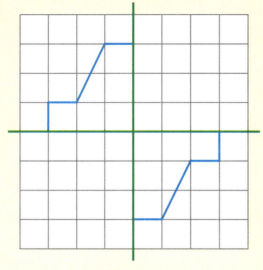

c)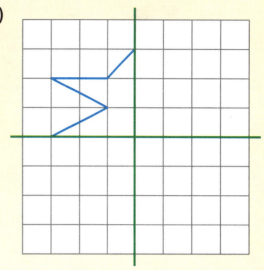

b)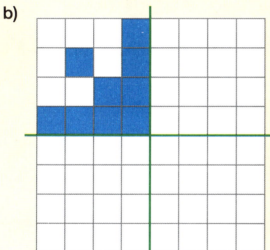

d)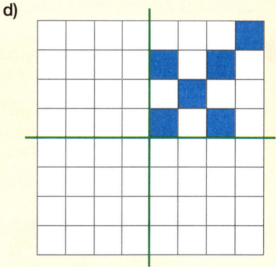

5 Em cada caso, desenhe e pinte a simétrica da figura dada em relação ao eixo de simetria destacado em verde. Depois, responda.

a)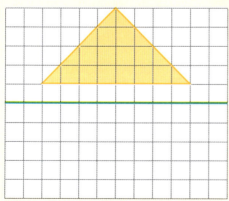

b)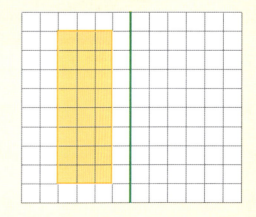

- Quantos quadradinhos amarelos formam a simétrica de cada figura?

duzentos e nove **209**

6 Vanessa desenhou dois caminhos ligando o cachorro à sua casinha.

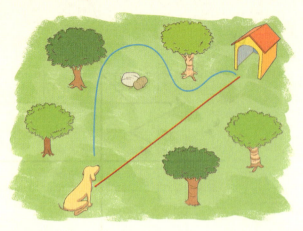

a) Que cor tem o caminho mais longo que Vanessa desenhou? _____

b) E o mais curto? _____

c) Qual desses caminhos foi representado por um segmento de reta? _____

7 Observe as figuras e as cores representadas na tela de Kandinsky (1866-1944). Em seguida, responda às questões.

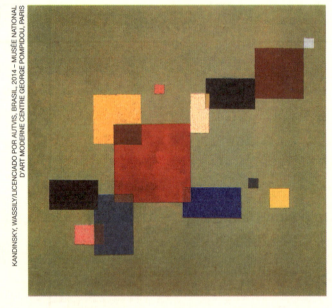

Treze retângulos, de Wassily Kandinsky. 1930, óleo sobre cartão, 70 cm × 60 cm.

a) O que chama mais a sua atenção: o formato ou a cor de cada figura?

_____

b) Veja a figura destacada dessa tela:

Ela se parece com um polígono. Quantos lados e quantos vértices tem esse polígono?

_____

210 duzentos e dez

8 Classifique os ângulos destacados em vermelho nas imagens a seguir em agudo, reto ou obtuso.

a)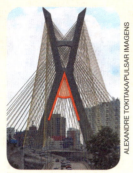
Ponte Estaiada Octávio Frias de Oliveira, São Paulo, SP, 2014.

b)
Hélices para a geração de energia eólica.

c)
Portão de metal.

Desafio

Considere os pontos na malha quadriculada abaixo e faça o que se pede.

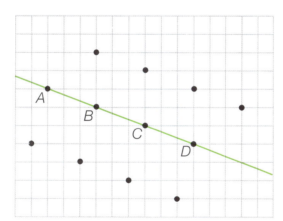

a) Determine os pontos E, F, G e H a partir da aplicação do código $\boxed{2 \uparrow}\ \boxed{3 \rightarrow}$ sobre os pontos A, B, C e D, respectivamente.

b) Trace uma reta pelos pontos E e H.

c) Determine, agora, os pontos I, J, K e L com aplicação do código $\boxed{3 \downarrow}\ \boxed{1 \leftarrow}$ sobre os pontos A, B, C e D, respectivamente.

d) Trace uma reta pelos pontos I e L.

e) O que você pode dizer sobre as retas desenhadas?

Trocando ideias

1. Em quais dias da semana a lanchonete abre?
2. Quanto tempo falta para a relojoaria abrir novamente?
3. Você faz a separação de materiais recicláveis em sua casa?

1 Hora, minuto e segundo

🎓 Aprendendo

1 Um dos instrumentos mais utilizados para medir o tempo é o **relógio**.

A invenção humana mais antiga para medir o tempo foi o **relógio de sol**. Utilizando uma estaca fincada no chão, os povos antigos podiam determinar aproximadamente o horário, de acordo com a sombra projetada pelo sol nessa estaca.

Relógio solar localizado na praia da Areia Preta, em Natal (RN).

Atualmente, os relógios estão cada vez mais avançados e precisos.

Também podemos medir o tempo por meio do movimento da Terra em torno de si mesma. Quando ela completa um giro, temos um dia, período que corresponde a 24 horas.

> 1 dia = 24 horas

Essas **horas** podem ser divididas em **minutos**, e os minutos, em **segundos**.

> O **segundo** é a unidade padrão das medidas de tempo. Seu símbolo é **s**.

Uma hora tem sessenta minutos.

> 1 h = 60 min

Um minuto tem sessenta segundos.

> 1 min = 60 s

Assim: 1 h = 60 × 60 s = 3 600 s

Observe.

8 h 30 min 40 s ▶ lemos: 8 horas, 30 minutos e 40 segundos

17 h 50 s ▶ lemos: 17 horas e 50 segundos

Utilizando o relógio de ponteiros

Vamos considerar apenas os ponteiros da hora e do minuto.

O **ponteiro menor** indica a **hora**, e o **ponteiro maior** indica o **minuto**. Veja o exemplo ao lado.

Quando o ponteiro maior aponta para o número 12, o relógio marca a hora exata. Veja os exemplos abaixo.

5 h 10 min

3 h

8 h

10 h

Observação

A partir do meio-dia, acrescentamos 12 horas em nossa leitura. Assim, se o relógio estiver marcando 1 h 20 min, após o meio-dia, por exemplo, esse horário corresponde a 13 h 20 min.

Praticando

1 Descubra quantas horas há em:

a) 2 dias.

b) 5 dias e meio.

c) 4 dias e 4 horas.

d) $\frac{1}{6}$ do dia.

2 Determine quantos dias há em:

a) 72 horas ▶

b) 3 semanas ▶

c) 120 horas ▶

d) 5 semanas ▶

3 Escreva o horário que cada relógio abaixo está marcando. Observe o exemplo.

Exemplo: 8 h ou 20 h

b)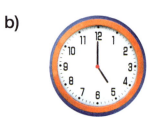

d)

a)

c)

e)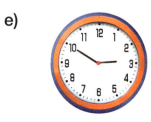

4 Faça os ponteiros nos relógios, de acordo com a hora indicada.

a)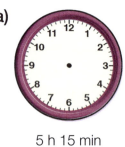
5 h 15 min

b)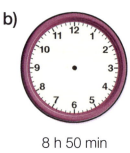
8 h 50 min

c)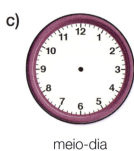
meio-dia

d)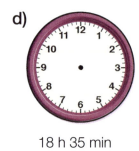
18 h 35 min

5 Um barco fez uma travessia em 65 horas. Registre esse tempo em dias e horas.

_____ dias e _____ horas.

6 Determine quantos segundos há em:

a) 5 min ▶ _____

b) meio minuto ▶ _____

c) 2 min 15 s ▶ _____

d) 15 min 45 s ▶ _____

7 Quantos segundos há em $\frac{1}{4}$ de hora?

Em $\frac{1}{4}$ de hora há _____ segundos.

8 O relógio da casa de Ana tem um ponteiro vermelho que marca os segundos. Certa noite, Ana olhou o relógio em dois momentos.

1º momento

2º momento

a) Que horas marcava o relógio no 1º momento? _____

b) E no 2º momento? _____

c) Quantos segundos se passaram do 1º ao 2º momento? _____

??? Curiosidade

Horas de sono

Os seres humanos precisam de 8 horas de sono por dia. O tempo de sono dos animais varia muito. Os gatos dormem em média 18 horas por dia. Já os coalas raramente ficam acordados; eles dormem cerca de 22 horas por dia. E há espécies de musaranhos que quase nunca dormem, pois, se deixarem de se alimentar por mais de 6 horas, morrem.

Musaranho

2 Dia, semana, mês e ano

🎓 Aprendendo

1 Um ano tem 12 meses ou 365 dias. Porém, de 4 em 4 anos, quando é bissexto, o ano tem duração de 366 dias.

Os meses podem ter 30 ou 31 dias, com exceção do mês de fevereiro, que tem 28 dias. No ano bissexto, fevereiro tem 29 dias.

Observe quantos dias tem cada um dos meses do ano.

Janeiro	Fevereiro	Março	Abril
31	28 ou 29	31	30
Maio	Junho	Julho	Agosto
31	30	31	31
Setembro	Outubro	Novembro	Dezembro
30	31	30	31

Outras unidades de medida de tempo

Mês (comercial)	30 dias	Quadrimestre	4 meses
Ano (comercial)	360 dias	Semestre	6 meses
Ano civil	365 dias	Biênio	2 anos
Semana	7 dias	Lustro ou quinquênio	5 anos
Quinzena	15 dias	Década ou decênio	10 anos
Bimestre	2 meses	Século	100 anos
Trimestre	3 meses	Milênio	1 000 anos

Praticando

1 Complete.

a) 2 anos = _____ meses

b) 7 semanas = _____ dias

c) 1 ano bissexto = _____ dias

d) 60 meses = _____ anos

e) 6 semanas e 4 dias = _____ dias

f) 3 anos e 5 meses = _____ meses

2 Responda.

a) Qual é o primeiro mês do ano? _____

b) Qual é o último mês do ano? _____

c) Em que mês você faz aniversário? _____

d) Que dia só acontece de 4 em 4 anos? _____

e) Janeiro é o mês de número 1. Setembro é o de número 9.

Qual é o número do mês de julho? _____

3 Escreva a representação simplificada das datas abaixo.
Veja o exemplo.

> **Exemplo:**
> 18 de setembro de 2003   18 / 9 / 03

a) 25 de junho de 2009 ▶ _____ / _____ / _____

b) 2 de maio de 2016 ▶ _____ / _____ / _____

c) 10 de novembro de 2020 ▶ _____ / _____ / _____

4 Considerando o mês comercial, determine quantos dias há em:

a) 3 meses = _____ dias

b) 4 meses = _____ dias

c) 1 bimestre = _____ dias

d) 1 semestre = _____ dias

5 Considerando o ano comercial, determine quantos dias há em:

a) 3 anos = _____ dias

b) meio século = _____ dias

c) 2 decênios = _____ dias

d) 5 lustros = _____ dias

duzentos e dezenove

6 Escreva pelo menos uma comemoração que ocorre nos seguintes meses do ano.

a) Abril ▸ _____

b) Maio ▸ _____

c) Agosto ▸ _____

d) Setembro ▸ _____

e) Outubro ▸ _____

f) Novembro ▸ _____

g) Dezembro ▸ _____

7 Complete.

a) 1 quinzena = _____ dias

b) 1 semestre = _____ meses

c) 1 década = _____ anos

d) 1 biênio = _____ anos

e) 1 século = _____ anos

f) 1 trimestre = _____ meses

g) 1 milênio = _____ anos

h) 1 quinquênio = _____ anos

i) 1 mês comercial = _____ dias

j) 1 ano comercial = _____ dias

8 Todo mês, Alfredo deposita 230 reais na conta poupança dele. Quanto ele terá depositado no final de um ano?

No final de um ano, Alfredo terá depositado _____.

9 Luís pagou a primeira prestação de uma compra no dia 4 de março. A segunda parcela foi paga exatamente 4 semanas depois. Em que data ele pagou a 2ª parcela?

Ele pagou a 2ª parcela no dia _____.

Investigando a chance — Comparar chances

1 Isabela e Mário estão brincando com uma roleta. Se o ponteiro parar na parte verde, Isabela vencerá a rodada. Se parar na parte laranja, o vencedor será Mário.

a) A chance de que o ponteiro pare na parte laranja é maior, menor ou igual à chance de que pare na parte verde? _____

b) Quem tem maior chance de vencer esse jogo? _____

2 Em um saquinho há bolas com números pares e números ímpares. Veja.

a) Quais são os números pares marcados nas bolas? _____

b) Quais são os números ímpares marcados nas bolas? _____

c) Lucas vai retirar, sem olhar, uma bola do saquinho. A chance de ele retirar uma bola com número ímpar é maior ou menor do que a chance de ele retirar uma bola com número par? Por quê? _____

3 Ana confeccionou algumas fichas com números. Em seguida, colocou essas fichas em uma urna para sorteá-las.

880   8679   1001   4768

2136   259   5008   517

- A chance de a ficha sorteada ter um número menor que 889 é maior, menor ou igual à de ter um número maior que 889? Por quê?

duzentos e vinte e um **221**

Praticando mais

1 Um relógio marca 21 horas e 45 minutos, mas está 35 minutos adiantado. Que horas são?

2 Em 2019, a atleta etíope Sifan Melaku Demise venceu a Maratona de São Paulo na categoria feminina, com o tempo de 2 h 35 min 03 s. Escreva como lemos esse tempo.

_____

3 Observe a folha do calendário ao lado e responda.

a) Qual é o mês dessa folha? E o ano?

b) Em que dia da semana terminou esse mês?

c) Quantos sábados teve esse mês?

4 Letícia trabalha 6 horas por dia e recebe 9 reais por hora trabalhada. Sabendo que ela trabalha 5 dias por semana, após 2 semanas de trabalho, quantos reais ela receberá?

Letícia receberá _____ reais após 2 semanas de trabalho.

5 Escreva por extenso as marcações de tempo abaixo.

a) 8 h 15 min ▶ _____

b) 9 h 18 min 6 s ▶ _____

6 Escreva o horário que cada relógio marca.

a) _____

b) _____

7 Um relógio marca 17 horas e 45 minutos, mas está 20 minutos atrasado. Que horas são?

São _____ horas e _____ minutos.

8 Observe as cenas a seguir. Depois, responda.

- Quanto tempo se passou entre uma cena e outra? _____

9 O senhor Gomes nasceu em 1975. Em que ano ele completará meio século? _____

10 Carol marcou um compromisso para as 7 h 20 min, mas chegou às 8 h. Quantos minutos ela chegou atrasada? _____

Desafio

Observe os relógios ao lado. Eles estão marcando, no período da manhã, o horário em duas cidades de países diferentes no mesmo momento.

Quando na cidade do país A for meio-dia, qual será o horário na cidade do país B?

Cidade do país A   Cidade do país B

_____

UNIDADE 8
Números na forma de fração

Massinha de modelar caseira
- 1 copo de farinha de trigo
- $\frac{1}{4}$ copo de sal
- $\frac{2}{3}$ copo de água
- 1 colher (sopa) óleo
- 1 pacote pequeno de suco (para colorir)

Trocando ideias

1. Você já viu números como os que aparecem na receita? Se sim, onde?
2. No copo perto do sal, pinte a quantidade necessária de sal para uma receita dessa massinha.
3. No copo perto da água, pinte a quantidade necessária de água para uma receita dessa massinha.

duzentos e vinte e cinco

1 Ideias de fração

Aprendendo

Ideia de fração como parte de um único elemento

A mãe de Lucas comprou uma *pizza*.

Se essa *pizza* estivesse dividida em 2 pedaços iguais, e eu comesse 1 desses pedaços, comeria **metade** da *pizza*, ou seja, $\frac{1}{2}$.

Representamos a metade pela fração $\frac{1}{2}$.

Lemos: **um meio**.

Veja mais alguns exemplos de como a *pizza* poderia estar dividida.

Se a *pizza* estivesse dividida em 3 pedaços iguais e Lucas comesse 1 deles, ele comeria $\frac{1}{3}$ da *pizza*.

Lemos: **um terço**.

Se a *pizza* estivesse dividida em 4 pedaços iguais e Lucas comesse 1 deles, ele comeria $\frac{1}{4}$ da *pizza*.

Lemos: **um quarto**.

Se a *pizza* estivesse dividida em 5 pedaços iguais e Lucas comesse 3 deles, ele comeria $\frac{3}{5}$ da *pizza*.

Lemos: **três quintos**.

Se a *pizza* estivesse dividida em 6 pedaços iguais e Lucas comesse 5 deles, ele comeria $\frac{5}{6}$ da *pizza*.

Lemos: **cinco sextos**.

Em cada um dos exemplos, foi representada, em amarelo, a parte da *pizza* que Lucas comeria. Assim, $\frac{1}{2}$, $\frac{1}{3}$, $\frac{1}{4}$, $\frac{3}{5}$ e $\frac{5}{6}$ são exemplos de **números na forma de fração**.

Essas frações representam partes de um único elemento.

Ideia de fração como parte de um grupo de elementos

Com bolinhas coloridas e palitos, Cássio fez a torre ao lado.

Observe que ele utilizou 9 bolinhas: 2 azuis, 3 vermelhas e 4 verdes.

As bolinhas azuis representam $\frac{2}{9}$ (dois nonos) do total de bolinhas, as bolinhas vermelhas representam $\frac{3}{9}$ (três nonos) do total de bolinhas e as bolinhas verdes representam $\frac{4}{9}$ (quatro nonos) do total de bolinhas.

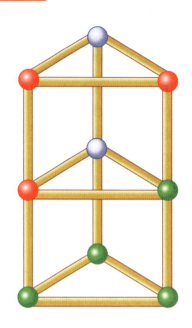

> Essas frações representam partes de um grupo de elementos.

Praticando

1 Cada uma das figuras abaixo foi dividida em partes iguais. Escreva a fração que representa a parte pintada de cada uma delas.

a)

c)

e)

g)

b)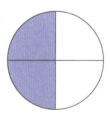

d)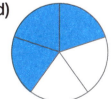

f)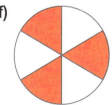

h)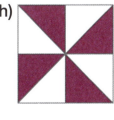

2 Leia o texto da situação e complete cada item com a fração correspondente.

Um carpinteiro retirou uma tábua de seu estoque e resolveu serrá-la, dividindo-a em alguns pedaços.

a) Se ele dividisse a tábua em 4 pedaços iguais e utilizasse 3 deles,

utilizaria $\boxed{\dfrac{}{}}$ da tábua.

b) Se ele dividisse a tábua em 5 pedaços iguais e utilizasse 2 deles,

utilizaria $\boxed{\dfrac{}{}}$ da tábua.

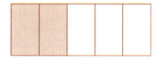

c) Se ele dividisse a tábua em 9 pedaços iguais e utilizasse 5 deles,

utilizaria $\boxed{\dfrac{}{}}$ da tábua.

3 Responda às perguntas a seguir.

a) Mário dividiu uma laranja em 4 partes iguais. Que fração é usada para representar cada uma dessas partes? _____

b) Mário comeu 2 dessas partes. Que fração da laranja ele comeu? _____

4 As três jarras, A, B e C, contêm sucos de laranja, morango e limão.

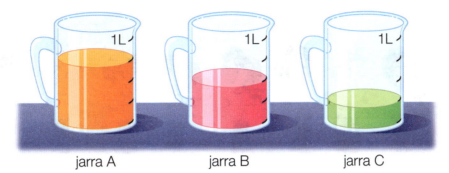

jarra A   jarra B   jarra C

- Escreva a fração do litro correspondente ao conteúdo de cada jarra.

  A ▶ _____   B ▶ _____   C ▶ _____

5 Pinte as partes das figuras que correspondam às frações dadas.

a) 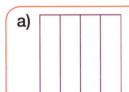 $\dfrac{2}{4}$

b) 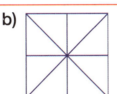 $\dfrac{7}{8}$

c)  $\dfrac{5}{6}$

6 Uma barra de chocolate possui 9 partes iguais, sendo 3 delas com amendoim e o restante sem amendoim.

a) Cada uma das nove partes iguais corresponde a que fração da barra de chocolate? _____

b) Que fração representa a parte da barra que contém amendoim? _____

c) Que fração representa a parte da barra que não contém amendoim? _____

d) Que fração representa a barra de chocolate inteira? _____

7 Pinte $\dfrac{1}{3}$ da figura ao lado.

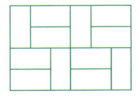

8 A parte colorida de lilás da figura ao lado pode ser representada pela fração $\dfrac{2}{4}$? Justifique sua resposta.

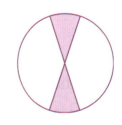

_____

duzentos e vinte e nove **229**

9 Observe os alunos de uma turma do 4º ano e responda às questões.

a) Os meninos representam que fração do total de alunos? _____

b) As meninas representam que fração do total de alunos? _____

10 Observe as figuras geométricas abaixo. Depois, responda.

a) Que fração do total de figuras representam as pirâmides? _____

b) E os prismas? _____

2 Leitura de frações

Aprendendo

Numerador e denominador

 A mãe de Bruno comprou um queijo, e Bruno dividiu-o em 8 partes iguais.

Ele ficou com 2 partes e deu o restante aos amigos.

A fração que corresponde à parte de Bruno é $\frac{2}{8}$.

Nessa fração, temos: $\frac{2}{8}$ ← numerador
← denominador

O **denominador** indica em quantas partes iguais o inteiro foi dividido.
O **numerador** indica quantas dessas partes foram tomadas.
O numerador e o denominador são os **termos** de uma fração.

Denominador menor que 10

1 Observe os nomes que esses denominadores recebem.

2 – meio(s)	6 – sexto(s)
3 – terço(s)	7 – sétimo(s)
4 – quarto(s)	8 – oitavo(s)
5 – quinto(s)	9 – nono(s)

Dica

Para ler uma fração, observamos, inicialmente, seu denominador.

Lemos primeiramente o numerador e, depois, o denominador.
Veja alguns exemplos.

- $\dfrac{1}{2}$ ▶ um meio
- $\dfrac{3}{4}$ ▶ três quartos
- $\dfrac{5}{6}$ ▶ cinco sextos
- $\dfrac{3}{8}$ ▶ três oitavos

- $\dfrac{2}{3}$ ▶ dois terços
- $\dfrac{1}{5}$ ▶ um quinto
- $\dfrac{2}{7}$ ▶ dois sétimos
- $\dfrac{4}{9}$ ▶ quatro nonos

Denominador 10, 100 ou 1 000

1 Observe o nome desses denominadores.

10 – décimo(s)	100 – centésimo(s)	1 000 – milésimo(s)

Lemos primeiramente o numerador e, depois, o denominador.
Veja os exemplos.

- $\dfrac{7}{10}$ ▶ sete décimos
- $\dfrac{19}{100}$ ▶ dezenove centésimos
- $\dfrac{23}{1\,000}$ ▶ vinte e três milésimos

Nos demais casos, lemos o numerador e, em seguida, o denominador, acrescido da palavra **avos**, que significa divisão em partes iguais.

Veja alguns exemplos.

- $\frac{7}{17}$ ▶ sete dezessete avos
- $\frac{11}{13}$ ▶ onze treze avos
- $\frac{19}{50}$ ▶ dezenove cinquenta avos
- $\frac{5}{300}$ ▶ cinco trezentos avos

Curiosidade

Símbolo %

Toda fração de denominador 100 pode ser representada somente pelo numerador, acompanhado do símbolo **%** (lemos: **por cento**), que representa o denominador 100.

$\frac{30}{100}$ ou 30% da figura ao lado foi pintada de amarelo.

$\frac{70}{100}$ ou 70% da figura ao lado foi pintada de azul.

Os números 30% e 70% estão registrados na forma de taxa percentual.

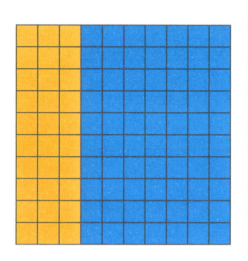

Praticando

1 Observe a figura ao lado e responda.

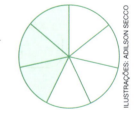

a) Que fração representa a parte colorida de verde da figura? _____

b) Qual é o denominador dessa fração? _____

c) Qual é o numerador dessa fração? _____

d) Que fração representa a parte não colorida da figura? _____

2 Escreva a fração correspondente, usando algarismos.

a) Dois meios ▶ _____

b) Sete sextos ▶ _____

c) Dois quinze avos ▶ _____

d) Vinte centésimos ▶ _____

e) Sete trinta avos ▶ _____

f) Catorze milésimos ▶ _____

3 O que representa uma fração que tem numerador e denominador iguais?

_____

4 Escreva como se lê cada uma das frações.

a) $\frac{4}{5}$ ▶ _____

b) $\frac{3}{7}$ ▶ _____

c) $\frac{8}{10}$ ▶ _____

d) $\frac{16}{100}$ ▶ _____

e) $\frac{4}{50}$ ▶ _____

f) $\frac{3}{1\,000}$ ▶ _____

g) $\frac{17}{11}$ ▶ _____

h) $\frac{11}{20}$ ▶ _____

5 Observe a figura abaixo.

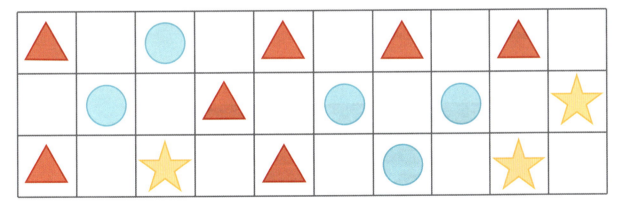

- Em relação ao total de quadrinhos, escreva a fração correspondente ao:

   a) número de quadrinhos com estrela ▶ _____

   b) número de quadrinhos com triângulo ▶ _____

   c) número de quadrinhos com círculo ▶ _____

   d) número de quadrinhos em branco ▶ _____

3 Representação de frações na reta numérica

Aprendendo

1. Veja como Ana, Iaci e Isabela representaram algumas frações na reta numérica.

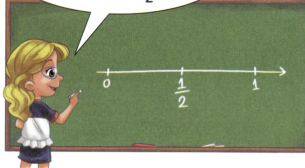

Dividi a unidade em 2 partes iguais e representei a fração $\frac{1}{2}$.

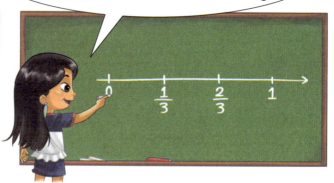

Dividi a unidade em 3 partes iguais; no primeiro ponto, que indiquei com um traço à direita do zero, representei a fração $\frac{1}{3}$ e, no segundo, a fração $\frac{2}{3}$.

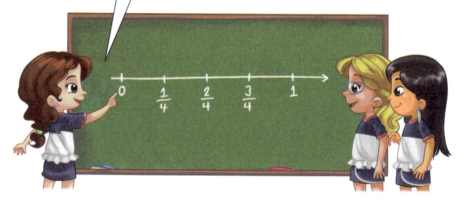

Dividi a unidade em 4 partes iguais; no primeiro ponto à direita do zero, representei a fração $\frac{1}{4}$, no segundo, representei a fração $\frac{2}{4}$ e, no terceiro, a fração $\frac{3}{4}$.

Podemos dizer que os números $\frac{1}{2}$, $\frac{1}{3}$ e $\frac{1}{4}$ são menores que 1, porque os pontos correspondentes a esses números na reta numérica estão à esquerda do ponto correspondente ao número 1.

Praticando

1 Veja que, na reta numérica abaixo, a unidade foi dividida em 10 partes iguais.

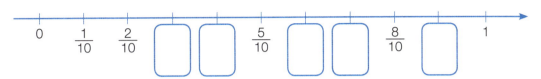

- Preencha os quadrinhos com as frações correspondentes a cada ponto da reta.

2 Complete as retas numéricas com as frações correspondentes a cada ponto. Depois, escreva como se lê a fração indicada em cada caso.

a)

b)

c)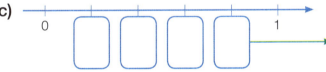

d)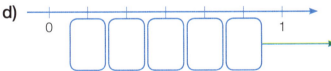

 3 Desenhe uma reta numérica no espaço abaixo e represente o número $\frac{2}{9}$.

- Agora, responda: Em quantas partes iguais devemos dividir 1 unidade da reta numérica para representar a fração $\frac{1}{100}$?

4 Comparando frações com o inteiro

Aprendendo

Fração própria

🔸 Observe as representações.

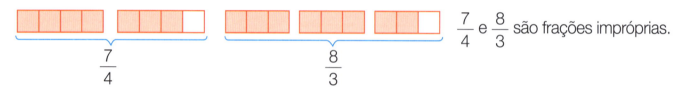

$\dfrac{1}{6}$ e $\dfrac{7}{10}$ são frações próprias.

> **Fração própria** é aquela cujo numerador é menor que o denominador, ou seja, ela é menor que o inteiro.

Fração imprópria

🔸 Observe.

$\dfrac{7}{4}$ e $\dfrac{8}{3}$ são frações impróprias.

> **Fração imprópria** é aquela cujo numerador é maior que o denominador, ou seja, ela é maior que o inteiro.

Fração aparente

🔸 Observe.

$\dfrac{3}{3} = 1$ $\dfrac{8}{4} = 2$

A fração $\dfrac{3}{3}$ corresponde a um inteiro.   A fração $\dfrac{8}{4}$ corresponde a dois inteiros.

$\dfrac{3}{3}$ e $\dfrac{8}{4}$ são frações aparentes.

> **Fração aparente** é aquela cujo numerador é múltiplo do denominador. Ela representa um número natural.

Número misto

Cada uma das barras de chocolate representadas ao lado tem 4 pedacinhos iguais. Uma barra de chocolate representa a unidade, ou seja, um inteiro.

Isabela ficou com 7 desses pedacinhos.

A fração correspondente à parte de Isabela é igual a $\frac{7}{4}$, ou seja, uma barra inteira e mais $\frac{3}{4}$ de outra barra.

Observe a representação a seguir:

$\frac{4}{4} = 1$ inteiro $\quad \frac{3}{4}$

$\frac{7}{4} = 1 + \frac{3}{4}$ ou, simplesmente, $1\frac{3}{4}$

A representação $1\frac{3}{4}$ é formada de uma parte inteira e de uma parte fracionária; por isso, é denominada **número misto**.

$1\frac{3}{4}$ (lemos: **um inteiro e três quartos**)

parte inteira — parte fracionária

Apenas as frações impróprias podem ser transformadas em números mistos.

Praticando

1 Classifique as frações a seguir em própria (P), imprópria (I) ou aparente (A).

a) $\frac{5}{8}$ ☐   d) $\frac{4}{7}$ ☐   g) $\frac{17}{19}$ ☐   j) $\frac{5}{9}$ ☐

b) $\frac{3}{2}$ ☐   e) $\frac{8}{5}$ ☐   h) $\frac{8}{13}$ ☐   k) $\frac{10}{10}$ ☐

c) $\frac{13}{13}$ ☐   f) $\frac{9}{3}$ ☐   i) $\frac{14}{7}$ ☐   l) $\frac{23}{11}$ ☐

2 Observe o exemplo e escreva frações para representar as partes coloridas de verde em cada um dos itens a seguir.

Exemplo:

    $\dfrac{9}{4}$

a)

b)

c)

3 Complete os espaços com os sinais > (maior que), < (menor que) ou = (igual a).

a) $\dfrac{5}{8}$ _____ 1 c) $\dfrac{7}{3}$ _____ 1 e) $\dfrac{11}{11}$ _____ 1

b) $\dfrac{9}{9}$ _____ 1 d) $\dfrac{1}{10}$ _____ 1 f) $\dfrac{6}{3}$ _____ 1

4 Considere as frações $\dfrac{7}{4}$, $\dfrac{4}{4}$, $\dfrac{9}{8}$, $\dfrac{10}{17}$, $\dfrac{20}{5}$, $\dfrac{6}{6}$, $\dfrac{1}{100}$, $\dfrac{10}{10}$ e $\dfrac{1}{13}$.

- Agora, responda.

    a) Que frações são iguais ao inteiro? _____

    b) Que frações são menores que o inteiro? _____

    c) Que frações são maiores que o inteiro? _____

5 Comparação de frações

Aprendendo

Frações que têm o mesmo denominador

1. Observe estas representações.

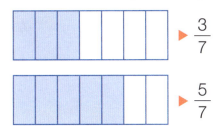

- $\frac{3}{7}$
- $\frac{5}{7}$

Verificamos que $\frac{5}{7} > \frac{3}{7}$, pois 5 > 3.

> Quando comparamos duas frações que têm o mesmo denominador, a maior fração é a que tem o maior numerador.

Frações que têm o mesmo numerador

1. Observe.

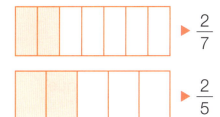

- $\frac{2}{7}$
- $\frac{2}{5}$

Verificamos que $\frac{2}{5} > \frac{2}{7}$, pois 5 < 7.

> Quando comparamos duas frações que têm o mesmo numerador, a maior fração é a que tem o menor denominador.

Praticando

1. Observe as figuras e faça o que se pede em cada item.

   (A)    (B)   (C)

   a) Que fração corresponde à parte colorida em cada figura?

   _____

   b) Escreva as três frações, da menor para a maior, utilizando o sinal < (menor que).

   _____

2 Observe os segmentos de reta $\overline{AB}$, $\overline{CD}$ e $\overline{EF}$ e responda às questões.

a) Qual é a fração que representa a parte vermelha do segmento $\overline{AB}$? _____

b) Qual é a fração que representa a parte verde do segmento $\overline{CD}$? _____

c) Qual é a fração que representa a parte azul do segmento $\overline{EF}$? _____

• Agora, escreva as três frações, da maior para a menor, utilizando o sinal **>** (maior que). _____

3 Cerque com uma linha a maior fração de cada grupo de frações a seguir.

a) $\dfrac{7}{8}$, $\dfrac{2}{8}$, $\dfrac{3}{8}$, $\dfrac{5}{8}$
b) $\dfrac{2}{10}$, $\dfrac{7}{10}$, $\dfrac{4}{10}$, $\dfrac{9}{10}$
c) $\dfrac{3}{4}$, $\dfrac{1}{4}$, $\dfrac{5}{4}$, $\dfrac{4}{4}$

4 Cerque com uma linha a fração menor em cada item a seguir.

a) $\dfrac{9}{7}$, $\dfrac{9}{3}$, $\dfrac{9}{2}$, $\dfrac{9}{4}$
b) $\dfrac{11}{7}$, $\dfrac{11}{3}$, $\dfrac{11}{10}$, $\dfrac{11}{12}$
c) $\dfrac{8}{5}$, $\dfrac{8}{6}$, $\dfrac{8}{4}$, $\dfrac{8}{3}$

5 Escreva as frações a seguir em ordem crescente. Utilize o sinal **<** (menor que).

a) $\dfrac{2}{7}$, $\dfrac{5}{7}$, $\dfrac{4}{7}$, $\dfrac{1}{7}$ ▶ _____

b) $\dfrac{13}{6}$, $\dfrac{13}{5}$, $\dfrac{13}{11}$, $\dfrac{13}{3}$ ▶ _____

c) $\dfrac{3}{8}$, $\dfrac{1}{8}$, $\dfrac{7}{8}$, $\dfrac{8}{8}$ ▶ _____

6 Escreva as frações abaixo em ordem decrescente. Utilize o sinal **>** (maior que).

a) $\dfrac{4}{6}$, $\dfrac{1}{6}$, $\dfrac{3}{6}$, $\dfrac{2}{6}$ ▶ _____

b) $\dfrac{11}{1}$, $\dfrac{11}{7}$, $\dfrac{11}{10}$, $\dfrac{11}{5}$ ▶ _____

c) $\dfrac{13}{8}$, $\dfrac{13}{9}$, $\dfrac{13}{3}$, $\dfrac{13}{7}$ ▶ _____

7 Iaci comeu $\frac{3}{8}$ de uma *pizza*. Ana comeu $\frac{5}{8}$ dessa mesma *pizza*. Quem comeu mais *pizza*?

_____ comeu mais *pizza*.

8 Mário leu $\frac{5}{7}$ das páginas de um livro. Isabela leu $\frac{5}{6}$ das páginas desse mesmo livro. Quem leu mais páginas desse livro?

_____ leu mais páginas desse livro.

6 Frações equivalentes

Aprendendo

Breno, Igor e André fizeram um trabalho de Arte, utilizando partes de suas folhas de papel.

Breno utilizou a metade de sua folha.

Igor dividiu sua folha em 4 partes iguais e utilizou 2 delas.

André dividiu sua folha em 8 partes iguais e utilizou 4 delas.

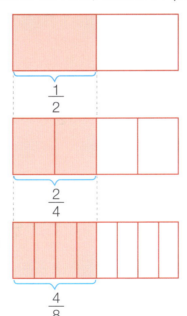

Observamos que os três alunos utilizaram a mesma parte das folhas de papel. Ou seja: As frações $\frac{1}{2}$, $\frac{2}{4}$ e $\frac{4}{8}$ representam partes equivalentes de um inteiro.

> Duas ou mais frações que representam partes equivalentes do inteiro são chamadas de **frações equivalentes**.

duzentos e quarenta e um **241**

Podemos obter frações equivalentes multiplicando ou dividindo o numerador e o denominador de uma fração por um mesmo número, diferente de zero.

Veja os exemplos abaixo.

- Determine três frações equivalentes a $\frac{3}{5}$.

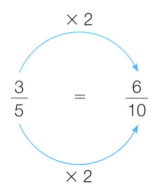 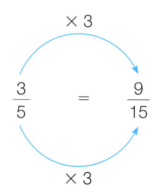 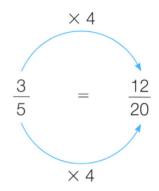

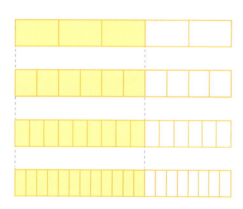

Observe que as frações representam partes equivalentes de um inteiro, ou seja:

$$\frac{3}{5} = \frac{6}{10} = \frac{9}{15} = \frac{12}{20}$$

- Determine duas frações equivalentes a $\frac{8}{12}$.

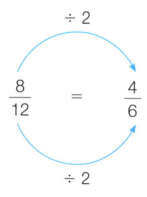 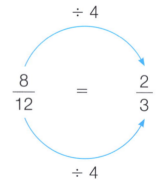

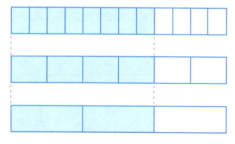

Também nesse caso, as frações representam partes equivalentes de um inteiro, ou seja:

$$\frac{8}{12} = \frac{4}{6} = \frac{2}{3}$$

Praticando

1 Observe as figuras e faça o que se pede.

figura A

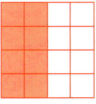
figura B

figura C

a) Que fração representa a parte colorida de verde na figura A? _____

b) Que fração representa a parte colorida de vermelho na figura B? _____

c) Que fração representa a parte colorida de laranja na figura C? _____

d) Essas frações são equivalentes? Justifique sua resposta.

_____

2 Complete, de modo que as frações se tornem equivalentes em cada item.

a) $\dfrac{1}{2} = \dfrac{\square}{10}$

b) $\dfrac{2}{3} = \dfrac{4}{\square}$

c) $\dfrac{3}{5} = \dfrac{\square}{25}$

3 Pinte, representando graficamente as frações $\dfrac{3}{4}$ e $\dfrac{12}{16}$ nas figuras abaixo, e mostre que as frações são equivalentes.

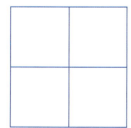 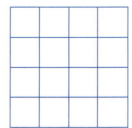

4 Determine uma fração equivalente a $\dfrac{7}{8}$ cujo denominador seja 40. _____

7 Adição com frações

Aprendendo

Lucas e Mário dividiram uma torta em 8 pedaços de mesmo tamanho. Lucas comeu 3 pedaços, e Mário, 2 pedaços.

- Que fração da torta os dois comeram juntos?

 +  =

Lucas comeu $\frac{3}{8}$ da torta.

Mário comeu $\frac{2}{8}$ da torta.

Os dois juntos comeram $\frac{5}{8}$ da torta.

Ou seja: $\frac{3}{8} + \frac{2}{8} = \frac{5}{8}$

> Para adicionar frações com o mesmo denominador, adicionamos os numeradores e conservamos os denominadores.

Veja alguns exemplos.

- $\frac{1}{3} + \frac{7}{3} = \frac{8}{3}$
- $\frac{1}{4} + \frac{2}{4} + \frac{3}{4} = \frac{6}{4}$
- $\frac{3}{7} + \frac{2}{7} = \frac{5}{7}$
- $\frac{2}{5} + \frac{4}{5} = \frac{6}{5}$
- $\frac{2}{9} + \frac{5}{9} = \frac{7}{9}$
- $\frac{3}{8} + \frac{5}{8} = \frac{8}{8}$

Dica

Sempre que em uma adição de frações obtivermos uma fração com numerador e denominador iguais poderemos igualar o resultado a um inteiro.

Observe.

- $\frac{2}{5} + \frac{3}{5} = \frac{5}{5} = 1$
- $\frac{7}{12} + \frac{3}{12} + \frac{2}{12} = \frac{12}{12} = 1$

Praticando

1 Efetue as adições a seguir.

a) $\dfrac{3}{5} + \dfrac{1}{5} = \boxed{}$

b) $\dfrac{1}{3} + \dfrac{1}{3} = \boxed{}$

c) $\dfrac{3}{9} + \dfrac{5}{9} = \boxed{}$

d) $\dfrac{2}{9} + \dfrac{3}{9} + \dfrac{1}{9} = \boxed{}$

e) $\dfrac{1}{8} + \dfrac{1}{8} + \dfrac{1}{8} = \boxed{}$

f) $\dfrac{4}{7} + \dfrac{2}{7} + \dfrac{1}{7} = \boxed{}$

2 Observe as partes coloridas de verde e efetue as adições, conforme o exemplo.

Exemplo:

$\dfrac{3}{7} + \dfrac{2}{7} = \dfrac{5}{7}$

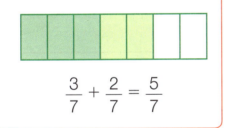

a) $\boxed{} + \boxed{} = \boxed{}$

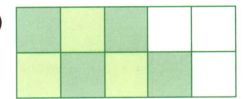

b) $\boxed{} + \boxed{} = \boxed{}$

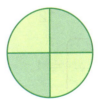

c) $\boxed{} + \boxed{} = \boxed{}$

3 Complete.

a) $\dfrac{3}{7} + \dfrac{\boxed{}}{7} = \dfrac{5}{7}$

b) $\dfrac{\boxed{}}{10} + \dfrac{3}{10} = \dfrac{7}{10}$

c) $\dfrac{1}{6} + \dfrac{\boxed{}}{6} + \dfrac{4}{6} = \dfrac{7}{6}$

4 Calcule as adições a seguir.

a) $\dfrac{1}{3} + \dfrac{1}{3} + \dfrac{1}{3} + \dfrac{1}{3} = \dfrac{}{}$

b) $\dfrac{1}{7} + \dfrac{1}{7} + \dfrac{1}{7} + \dfrac{1}{7} + \dfrac{1}{7} = \dfrac{}{}$

c) $\dfrac{3}{5} + \dfrac{4}{5} = \dfrac{}{}$

d) $\dfrac{2}{9} + \dfrac{3}{9} + \dfrac{3}{9} = \dfrac{}{}$

e) $\dfrac{3}{8} + \dfrac{3}{8} = \dfrac{}{}$

f) $\dfrac{1}{7} + \dfrac{1}{7} + \dfrac{1}{7} = \dfrac{}{}$

5 Observe o quadro e complete corretamente os espaços.

a) $\dfrac{1}{4} + \dfrac{1}{4} = \dfrac{}{} = \dfrac{}{}$

b) $\dfrac{2}{4} + \dfrac{}{} = 1$

c) $\dfrac{1}{4} + \dfrac{}{} = 1$

Lembre!
A soma de todas as partes de um inteiro corresponde a um inteiro. Exemplo:
$\dfrac{1}{2} + \dfrac{1}{4} + \dfrac{1}{4} = 1$

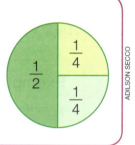

6 Observe o quadro, complete os espaços e, depois, faça o que se pede.

a) $\dfrac{1}{12} + \dfrac{1}{12} + \dfrac{1}{12} + \dfrac{1}{12} = \dfrac{}{}$

b) $\dfrac{6}{12} + \dfrac{}{} = 1$

c) $\dfrac{4}{12} + \dfrac{4}{12} + \dfrac{4}{12} = \dfrac{}{} = \underline{}$

d) $\dfrac{7}{12} + \dfrac{}{} = 1$

e) $\dfrac{3}{12} + \dfrac{3}{12} + \dfrac{3}{12} + \dfrac{3}{12} = \dfrac{}{} = \underline{}$

- Cada uma dessas somas corresponde a um inteiro? Justifique.

7 Em um jogo de basquete, Bruno fez $\frac{3}{10}$ dos pontos, e Mário, $\frac{1}{10}$. Que fração dos pontos desse jogo os dois fizeram juntos?

Os dois fizeram juntos _____ dos pontos.

8 Em um dia, Ana colou $\frac{3}{7}$ do total das figurinhas do álbum. No dia seguinte, colou mais $\frac{4}{7}$. Que fração das figurinhas ela já colou no álbum? O que significa essa fração?

Ana já colou _____ das figurinhas.

Essa fração significa _____.

9 Iaci ganhou uma barra de chocolate dividida em 9 partes iguais. Comeu 3 partes e deu 2 para Ana.

- Agora, responda.

    a) Que fração do chocolate Iaci comeu? _____

    b) Que fração do chocolate ela deu para Ana? _____

    c) Que fração do chocolate sobrou? _____

duzentos e quarenta e sete

8 Subtração com frações

Aprendendo

1. Rebeca ganhou uma barra de chocolate dividida em 7 partes iguais. Deu 3 pedaços para Elana. Com que fração do chocolate Rebeca ficou?

$\dfrac{7}{7}$
barra de chocolate de Rebeca

—

$\dfrac{3}{7}$
parte de Elana

=

$\dfrac{4}{7}$
parte que sobrou do chocolate

Ou seja: $\dfrac{7}{7} - \dfrac{3}{7} = \dfrac{4}{7}$

> Para subtrair frações com o mesmo denominador, subtraímos os numeradores e conservamos os denominadores.

Veja alguns exemplos.

- $\dfrac{3}{5} - \dfrac{1}{5} = \dfrac{2}{5}$

- $\dfrac{12}{7} - \dfrac{3}{7} = \dfrac{9}{7}$

- $\dfrac{15}{15} - \dfrac{8}{15} = \dfrac{7}{15}$

- $\dfrac{7}{9} - \dfrac{3}{9} = \dfrac{4}{9}$

- $\dfrac{17}{31} - \dfrac{12}{31} = \dfrac{5}{31}$

- $\dfrac{14}{11} - \dfrac{3}{11} = \dfrac{11}{11} = 1$

Adição e subtração com frações
Nesta animação, você verá uma situação que envolve *pizza* e frações.

Observação

Sempre que nos referimos a um inteiro em uma situação envolvendo fração, devemos utilizar em sua representação uma fração com numerador e denominador iguais.

Exemplo:

Após o lanche, sobraram $\dfrac{3}{8}$ do bolo.

Podemos representar o bolo inteiro pela fração $\dfrac{8}{8}$.

Praticando

1 Observe as partes coloridas de azul, indique as frações correspondentes e efetue as subtrações.

Exemplo:

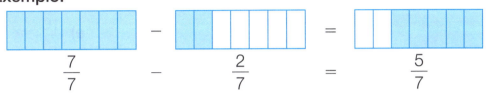

$$\frac{7}{7} - \frac{2}{7} = \frac{5}{7}$$

a)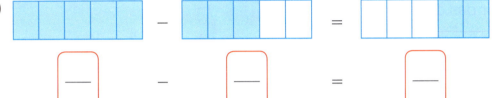

b)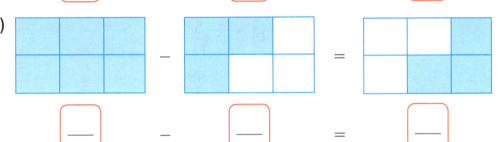

2 Efetue as subtrações a seguir.

a) $\dfrac{3}{5} - \dfrac{1}{5} = \boxed{}$

b) $\dfrac{7}{12} - \dfrac{5}{12} = \boxed{}$

c) $\dfrac{7}{3} - \dfrac{4}{3} = \boxed{} = \underline{}$

d) $\dfrac{7}{8} - \dfrac{5}{8} = \boxed{}$

3 Complete.

a) $\dfrac{4}{7} - \boxed{} = \dfrac{1}{7}$

b) $\boxed{} - \dfrac{13}{17} = \dfrac{2}{17}$

c) $\dfrac{10}{5} - \boxed{} = \dfrac{3}{5}$

d) $\dfrac{17}{5} - \boxed{} = \dfrac{2}{5}$

4 Observe o exemplo e complete.

Exemplo:
$\frac{4}{4} = 1$

a) $\frac{\square}{9} = 1$

b) $\frac{7}{7} = \underline{}$

c) $\frac{11}{\square} = 1$

d) $\frac{8}{8} = \underline{}$

e) $\frac{10}{10} = \underline{}$

5 Calcule o valor das diferenças.

Exemplo:
$1 - \frac{5}{6} = \frac{6}{6} - \frac{5}{6} = \frac{1}{6}$

a) $1 - \frac{4}{7} =$

b) $1 - \frac{2}{23} =$

c) $\frac{9}{5} - 1 =$

d) $1 - \frac{3}{8} =$

e) $1 - \frac{5}{11} =$

f) $1 - \frac{49}{131} =$

g) $\frac{8}{3} - 1 =$

h) $\frac{50}{50} - 1 =$

6 Efetue as subtrações abaixo.

a) $\frac{7}{9} - \frac{3}{9} = \boxed{}$

b) $\frac{11}{13} - \frac{8}{13} = \boxed{}$

c) $\frac{4}{19} - \frac{1}{19} = \boxed{}$

d) $\frac{12}{23} - \frac{4}{23} = \boxed{}$

e) $\frac{35}{17} - \frac{18}{17} = \boxed{} = \underline{}$

f) $\frac{39}{28} - \frac{30}{28} = \boxed{}$

g) $\frac{11}{47} - \frac{10}{47} = \boxed{}$

h) $\frac{7}{3} - \frac{2}{3} = \boxed{}$

7 Em uma prova de Matemática, Iaci acertou $\frac{17}{20}$ das questões, e Lucas, $\frac{15}{20}$. Que fração da prova Iaci acertou a mais que Lucas?

Iaci acertou _____ a mais que Lucas.

8 Uma piscina tem água até $\frac{7}{8}$ de sua capacidade. Será retirada uma quantidade de água correspondente a $\frac{3}{8}$ de sua capacidade. Que fração representa a quantidade de água que vai sobrar?

A fração que representa a água que vai sobrar é _____.

9 Na minha turma do ano passado, $\frac{1}{7}$ dos alunos praticava basquete. Que fração dessa turma representa os alunos que não praticavam basquete?

Dessa turma, _____ dos alunos não praticavam basquete.

10 Calcule, conforme exemplo.

> **Exemplo:**
> $\frac{7}{5} - \frac{2}{5} + \frac{1}{5} = \frac{5}{5} + \frac{1}{5} = \frac{6}{5}$

a) $\frac{3}{7} + \frac{6}{7} - \frac{2}{7} =$ _____

b) $\frac{9}{17} - \frac{3}{17} + \frac{2}{17} =$ _____

11 Em um teste experimental, um homem utilizando um *Jetpack* percorreu $\frac{2}{5}$ do percurso previsto.

- Agora, responda.

  a) Que fração corresponde ao percurso todo? _____

  b) Que fração do percurso falta percorrer? _____

O *Jetpack* é um dispositivo normalmente posicionado nas costas da pessoa. Ele permite que o usuário voe de maneira direcionada por meio de jatos de gases.

12 Isabela e seu pai percorreram $\frac{3}{6}$ da distância total de uma trilha.

- Agora, responda.

  a) Que fração corresponde à distância total? _____

  b) Que fração corresponde à parte a ser percorrida para completar a trilha?
  _____

13 Em um congresso internacional, $\frac{2}{9}$ dos participantes são ingleses, $\frac{3}{9}$ são franceses, e os demais são espanhóis. Responda.

a) Que fração representa todos os participantes do congresso? _____

b) Que fração representa os ingleses e os franceses juntos? _____

c) Que fração representa os espanhóis? _____

9 Multiplicação com frações

Aprendendo

Multiplicação de um número natural por um número na forma de fração

▪ Uma barra de chocolate foi dividida em 5 partes iguais. Benito recebeu 2 partes, e Rogério, a mesma quantidade. Que fração do chocolate receberam os dois juntos?

Veja.

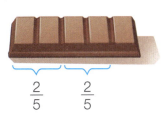

Benito recebeu $\frac{2}{5}$.

Rogério recebeu $\frac{2}{5}$.

Os dois juntos receberam:

$\frac{2}{5} + \frac{2}{5} = \frac{4}{5}$ ou $2 \times \frac{2}{5} = \frac{4}{5}$

▪ Cátia, Zélia e Beatriz dividiram uma folha de cartolina em 10 partes iguais. Cada uma delas ficou com 3 dessas partes. Que fração da cartolina receberam as três meninas juntas?

Observe.

Beatriz ficou com $\frac{3}{10}$.

Zélia ficou com $\frac{3}{10}$.

Cátia ficou com $\frac{3}{10}$.

As três juntas receberam:

$\frac{3}{10} + \frac{3}{10} + \frac{3}{10} = \frac{9}{10}$ ou $3 \times \frac{3}{10} = \frac{9}{10}$

> Em uma multiplicação de um número natural por uma fração, multiplicamos o número natural pelo numerador e conservamos o denominador.

Veja alguns exemplos.

- $3 \times \frac{4}{7} = \frac{12}{7}$
- $5 \times \frac{8}{9} = \frac{40}{9}$
- $4 \times \frac{8}{32} = \frac{32}{32} = 1$

duzentos e cinquenta e três

Multiplicação de dois números na forma de fração

1 Observe.

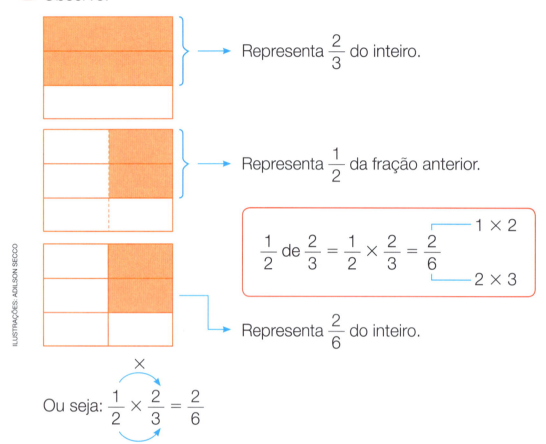

Representa $\dfrac{2}{3}$ do inteiro.

Representa $\dfrac{1}{2}$ da fração anterior.

$$\dfrac{1}{2} \text{ de } \dfrac{2}{3} = \dfrac{1}{2} \times \dfrac{2}{3} = \dfrac{2}{6} \quad \begin{array}{l} 1 \times 2 \\ 2 \times 3 \end{array}$$

Representa $\dfrac{2}{6}$ do inteiro.

Ou seja: $\dfrac{1}{2} \times \dfrac{2}{3} = \dfrac{2}{6}$

> O **produto de duas frações** é uma fração em que o numerador é o produto dos numeradores, e o denominador é o produto dos denominadores.

Veja os exemplos.

- $\dfrac{3}{5} \times \dfrac{4}{7} = \dfrac{12}{35} \quad \begin{array}{l} 3 \times 4 \\ 5 \times 7 \end{array}$

- $\dfrac{1}{8} \times \dfrac{2}{9} = \dfrac{2}{72} \quad \begin{array}{l} 1 \times 2 \\ 8 \times 9 \end{array}$

Dica

Na prática, substituímos a preposição **de** pela operação **multiplicação**.
Assim:

$\dfrac{4}{5} \text{ de } \dfrac{8}{3} \longrightarrow \dfrac{4}{5} \times \dfrac{8}{3} = \dfrac{32}{15}$

$\dfrac{1}{7} \text{ de } \dfrac{20}{100} \longrightarrow \dfrac{1}{7} \times \dfrac{20}{100} = \dfrac{20}{700}$

Praticando

1 Efetue as multiplicações de número natural por fração.

a) $5 \times \dfrac{4}{7} =$ ⬚

b) $2 \times \dfrac{5}{11} =$ ⬚

c) $7 \times \dfrac{3}{2} =$ ⬚

d) $\dfrac{2}{3} \times 5 =$ ⬚

e) $\dfrac{3}{4} \times 10 =$ ⬚

f) $\dfrac{1}{2} \times 42 =$ ⬚

2 Calcule.

a) $\dfrac{1}{2} \times \dfrac{3}{4} =$ ⬚

b) $\dfrac{2}{7} \times \dfrac{3}{5} =$ ⬚

c) $\dfrac{7}{8} \times \dfrac{1}{6} =$ ⬚

d) $\dfrac{3}{2} \times \dfrac{2}{3} =$ ⬚

e) $\dfrac{3}{5}$ de $10 =$ ⬚

f) $\dfrac{1}{3}$ de $\dfrac{6}{8} =$ ⬚

10 Fração de uma quantidade

Aprendendo

Podemos, também, calcular a fração de uma quantidade. Acompanhe.

- Calcular $\dfrac{2}{3}$ de 15 litros.

$$\dfrac{2}{3} \text{ de } 15 \longrightarrow \dfrac{2}{3} \times 15 = \dfrac{30}{3}$$

Sempre que possível, dividimos o numerador pelo denominador da fração, encontrando um número natural equivalente à fração.

Assim: $\dfrac{30}{3} = 10$, pois $30 \div 3 = 10$

Logo, $\dfrac{2}{3}$ de 15 litros são 10 litros.

- Calcular $\dfrac{3}{4}$ de 20 pessoas.

$$\dfrac{3}{4} \text{ de } 20 \longrightarrow \dfrac{3}{4} \times 20 = \dfrac{60}{4} = 15$$

$60 \div 4 = 15$

Logo, $\dfrac{3}{4}$ de 20 pessoas são 15 pessoas.

- Calcular $\frac{4}{5}$ de 20 quilômetros.

$\frac{4}{5}$ de 20 ⟶ $\frac{4}{5} \times 20 = \frac{80}{5} = 16$

$80 \div 5 = 16$

$\frac{4}{5}$ de 20 quilômetros são 16 quilômetros.

- Calcular $\frac{1}{5}$ de 30 biscoitos.

$\frac{1}{5}$ de 30 ⟶ $\frac{1}{5} \times 30 = \frac{30}{5} = 6$

$30 \div 5 = 6$

Portanto, $\frac{1}{5}$ de 30 biscoitos é 6 biscoitos.

Praticando

1 Calcule as quantidades em cada caso.

a) $\frac{3}{7}$ de 21 balas ▶ _____

b) $\frac{1}{6}$ de 12 canecas ▶ _____

c) $\frac{2}{7}$ de 35 páginas ▶ _____

d) $\frac{3}{4}$ de 16 livros ▶ _____

e) $\frac{8}{9}$ de 18 bonecas ▶ _____

f) $\frac{4}{5}$ de 30 bombons ▶ _____

g) $\frac{2}{3}$ de 21 metros ▶ _____

2 O tanque de combustível de um veículo tem 115 litros. Para encher $\frac{4}{5}$ desse tanque de combustível, quantos litros são necessários?

São necessários _____ litros de combustível.

3 Rodrigo tem uma coleção com 120 carrinhos. Dessa coleção, $\frac{2}{3}$ foram dados por seu pai. Quantos carrinhos Rodrigo ganhou de seu pai?

Rodrigo ganhou _____ carrinhos de seu pai.

4 Na decoração da festa de aniversário de Bruno, foram usados 80 balões. Desses balões, $\frac{1}{4}$ era vermelho, $\frac{2}{5}$ eram azuis, e o restante era de outras cores. Quantos balões eram vermelhos? Quantos eram azuis? Quantos eram de outras cores?

_____ balões eram vermelhos, _____ balões eram azuis e _____ balões eram de outras cores.

5 Em uma sorveteria são vendidos 240 picolés por dia. Sabendo que $\frac{3}{8}$ dos picolés vendidos são de chocolate e $\frac{5}{12}$ são de morango, responda.

a) Quantos picolés de chocolate são vendidos por dia? _____

b) Quantos picolés de morango são vendidos por dia? _____

c) Quantos picolés de outros sabores são vendidos por dia? _____

6 Um pai tem 35 anos. O filho tem $\frac{2}{5}$ da idade do pai. Qual é a idade do filho?

O filho tem _____ anos.

duzentos e cinquenta e sete

Tratando a informação
Interpretar gráficos de setores

1 Um radialista fez uma pesquisa de opinião com alguns ouvintes sobre os programas que ele apresenta. Os ouvintes entrevistados tiveram que dizer qual é o seu programa favorito: o da manhã, o da tarde ou o da noite. Os resultados dessa pesquisa foram organizados na tabela ao lado.

Preferência dos ouvintes	
Programa	Número de ouvintes
Manhã	50
Tarde	25
Noite	25

Dados obtidos pelo radialista, em setembro de 2019.

a) Quantos ouvintes deram sua opinião sobre o programa? _____

b) Podemos dizer que metade dos ouvintes prefere o programa da manhã?

Justifique. _____

c) O radialista queria que as pessoas olhassem para o resultado da pesquisa e percebessem rapidamente que a metade dos ouvintes prefere o programa da manhã. Então, ele apresentou o resultado dessa pesquisa em um gráfico de setores.

"O círculo representa todos os ouvintes que participaram da pesquisa. Então, a metade dele, que está pintada de laranja, representa o número de ouvintes que preferem o programa da manhã."

Dados obtidos pelo radialista, em setembro de 2019.

- Explique a um colega como o radialista fez para representar, nesse gráfico, os ouvintes que preferem o programa da tarde e o da noite.

2 Três voluntários de combate à dengue visitaram, em uma semana, 160 casas para eliminar focos do mosquito transmissor da doença.

Veja na tabela a seguir o número de casas que cada um dos voluntários visitou.

Número de casas visitadas pelos voluntários de combate à dengue	
Voluntário	Número de casas visitadas
Valéria	80
Leandro	40
Jéssica	40

Dados obtidos pelos voluntários de combate à dengue no verão de 2019.

a) Quantas casas, ao todo, foram visitadas pelos voluntários?

_____

b) Quem visitou metade das casas? _____

c) Podemos dizer que Leandro visitou metade da metade das casas? Justifique.

_____

d) Complete o gráfico de setores abaixo de acordo com os dados da tabela acima.

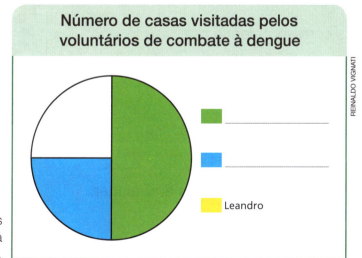

Dados obtidos pelos voluntários de combate à dengue no verão de 2019.

e) Que medidas podemos tomar para eliminar focos do mosquito transmissor da dengue? Converse sobre isso com os colegas.

duzentos e cinquenta e nove

Praticando mais

> 📖 **Sugestão de leitura**
> *Se você fosse uma fração*, de Trisha Speed Shaskan. Leia mais informações sobre esse livro na página 357.

1 Observe a figura e faça o que se pede.

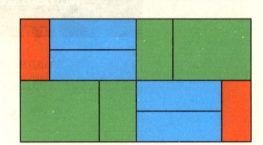

a) Em quantas partes a figura foi dividida?

Elas são iguais? _____

b) É possível saber que fração da figura representa as partes pintadas de verde juntas? Converse com um colega sobre a questão e justifique sua resposta.

2 Na figura ao lado, que fração representa a parte pintada de:

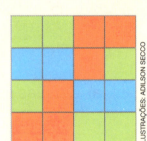

a) laranja? _____

b) verde? _____

c) azul? _____

• Agora, escreva como se lê cada uma dessas frações.

3 Observe o aquário ao lado e responda às questões.

a) Os peixes amarelos correspondem a que fração do total de peixes do aquário? _____

b) Os peixes azuis correspondem a que fração do total de peixes do aquário? _____

c) O peixe verde corresponde a que fração do total de peixes do aquário? _____

4 Uma pessoa, sem olhar para dentro da embalagem ao lado, vai retirar uma bola. Calcule:

a) a probabilidade de ela ser branca ▶ _____

b) a probabilidade de ela ser vermelha ▶ _____

c) a probabilidade de ela ser amarela ▶ _____

260 duzentos e sessenta

5 Observe como Lucas representou, em um gráfico, a pesquisa que fez com seus colegas de classe e responda.

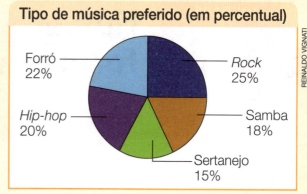

Tipo de música preferido (em percentual)

Forró 22%
Rock 25%
Hip-hop 20%
Samba 18%
Sertanejo 15%

Dados coletados por Lucas, em setembro de 2019.

a) Qual é o tipo de música preferido pelos colegas de Lucas? _____

b) Qual é o percentual dos colegas de Lucas que preferem forró? _____

6 Na reta numérica abaixo, a unidade foi dividida em 8 partes iguais.

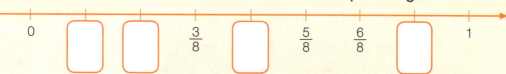

- Escreva a localização da fração $\frac{1}{2}$ na reta numérica e, depois, registre as frações correspondentes.

7 Determine a idade de Adriano.

Eu tenho 42 anos e sou o pai de Adriano.

Eu tenho $\frac{1}{3}$ da idade de meu pai.

Adriano tem _____ anos.

Desafio

Pinte a figura, conforme as instruções a seguir.

- $\frac{1}{4}$ dos ☐ de 🔴
- $\frac{3}{8}$ dos ☐ de 🔵
- $\frac{1}{8}$ dos ☐ de 🟠
- $\frac{1}{6}$ dos ☐ de 🟢

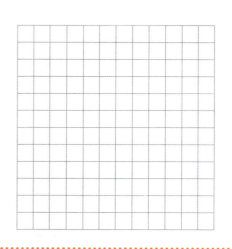

UNIDADE 9
Números na forma decimal

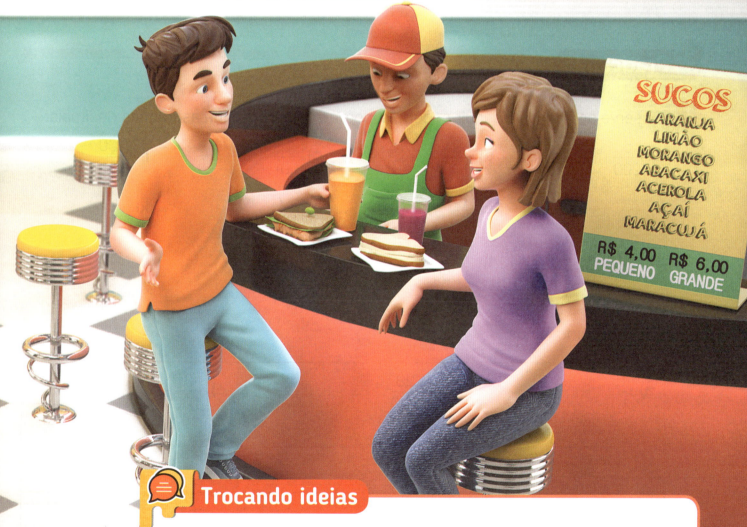

Trocando ideias

1. Veja o preço do suco e do sanduíche que a mulher e o homem pediram, respectivamente. Sabendo que eles não vão pedir mais nada, em sua opinião, quem vai gastar mais?
2. No total, cada um deles gastou mais ou menos de R$ 15,00?

1 Frações decimais

Aprendendo

Frações com denominadores **10**, **100**, **1000**, ... são chamadas de **frações decimais**.

Veja alguns exemplos de frações decimais e como fazemos a leitura delas.

- $\dfrac{1}{10}$ ▶ um décimo
- $\dfrac{7}{10}$ ▶ sete décimos
- $\dfrac{4}{100}$ ▶ quatro centésimos
- $\dfrac{15}{1\,000}$ ▶ quinze milésimos

Praticando

1 Observe as frações a seguir e, depois, cerque com uma linha as frações decimais.

a) $\dfrac{5}{200}$
b) $\dfrac{7}{10}$
c) $\dfrac{13}{600}$
d) $\dfrac{9}{100}$
e) $\dfrac{10}{7}$
f) $\dfrac{75}{1\,000}$
g) $\dfrac{1}{50}$
h) $\dfrac{7}{1\,000}$
i) $\dfrac{10}{17}$
j) $\dfrac{100}{4}$
k) $\dfrac{13}{300}$
l) $\dfrac{4}{10}$

2 Escreva como lemos.

a) $\dfrac{5}{10}$ _____ _____	c) $\dfrac{23}{100}$ _____ _____	e) $\dfrac{37}{1\,000}$ _____ _____
b) $\dfrac{8}{10}$ _____ _____	d) $\dfrac{132}{100}$ _____ _____	f) $\dfrac{617}{1\,000}$ _____ _____

2 Números na forma decimal

Aprendendo

Frações decimais também podem ser representadas por números decimais.

Observe o quadro abaixo.

Fração decimal	Número na forma decimal
$\dfrac{1}{10}$	0,1 (lemos: um décimo)
$\dfrac{1}{100}$	0,01 (lemos: um centésimo)
$\dfrac{1}{1\,000}$	0,001 (lemos: um milésimo)
$\dfrac{9}{10}$	0,9 (lemos: nove décimos)
$\dfrac{23}{100}$	0,23 (lemos: vinte e três centésimos)
$\dfrac{19}{1\,000}$	0,019 (lemos: dezenove milésimos)

No **sistema de numeração decimal**, cada algarismo dos números que vamos estudar ocupa uma **ordem**, ou **posição**, com as seguintes denominações:

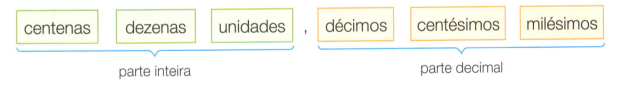

centenas dezenas unidades , décimos centésimos milésimos

parte inteira — parte decimal

Leitura dos números na forma decimal

Lemos a **parte inteira**, seguida da **parte decimal**, acompanhada da(s) palavra(s) décimo(s), centésimo(s) ou milésimo(s), conforme o número de casas decimais.

Veja os exemplos.

- 1,8 → um inteiro e oito décimos
- 3,25 → três inteiros e vinte e cinco centésimos
- 8,01 → oito inteiros e um centésimo
- 4,135 → quatro inteiros e cento e trinta e cinco milésimos

Quando a parte inteira do número for zero, lemos apenas a parte decimal.
Veja os exemplos.

- 0,7 → sete décimos
- 0,42 → quarenta e dois centésimos
- 0,121 → cento e vinte e um milésimos
- 0,032 → trinta e dois milésimos

Números na forma decimal
Nesta animação, você verá algumas situações do dia a dia que envolvem números na forma decimal.

Praticando

1 Observe o exemplo e escreva as frações decimais e os números na forma decimal correspondentes às partes coloridas das figuras a seguir.

Exemplo: $\frac{5}{10}$ ou 0,5

a)

_____

b)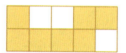

_____

c)

_____

d) A figura ao lado está dividida em 1 000 cubinhos, sendo 87 coloridos.

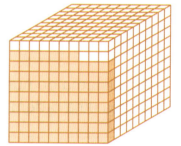

_____

e) A figura ao lado também foi dividida em 1 000 cubinhos, dos quais 45 foram pintados.

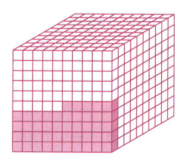

_____

2 Escreva por extenso os seguintes números na forma decimal.

a) 2,5 ▸ _____

b) 0,47 ▸ _____

c) 15,4 ▸ _____

d) 0,186 ▸ _____

e) 13,014 ▸ _____

3 Pinte cada figura de acordo com o número na forma decimal correspondente.

a)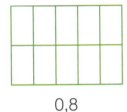
0,8

b)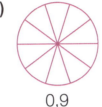
0,9

c)
0,5

4 Lucas tirou 7,5 em uma prova. Ele pode dizer sua nota de três maneiras diferentes. Observe e responda.

Sete e meio.
Sete vírgula cinco.
Sete inteiros e cinco décimos.

- E você? Como diria, de três maneiras diferentes, que tirou 9,5 em uma prova?

_____

5 Registre três maneiras diferentes de escrever a temperatura 35,5 graus Celsius.

_____

_____

_____

- A partir de que temperatura podemos dizer que uma pessoa está com febre? Você tem ideia?

_____

duzentos e sessenta e sete **267**

3 Décimos

🎓 Aprendendo

Já sabemos que a fração $\frac{1}{10}$ pode ser representada por 0,1 (um décimo).

A parte colorida representa $\frac{1}{10}$ ou 0,1 da figura. Observe.

Forma de fração	Forma decimal	Leitura
$\frac{2}{10}$	0,2	dois décimos
$\frac{10}{10} = 1$	1	um inteiro
$\frac{37}{10}$	3,7	trinta e sete décimos ou três inteiros e sete décimos

Representações de números na forma gráfica, na forma de fração e na forma decimal

Vamos representar o número **catorze décimos** de três maneiras.

Representação gráfica	
Representação na forma de fração	$\frac{10}{10} + \frac{4}{10} = \frac{14}{10}$
Representação na forma decimal	$1 + 0,4 = 1,4$

Nesse número, temos:

1,4 — parte decimal / parte inteira

Praticando

1 Escreva na forma decimal.

a) $\dfrac{1}{10}$ = _____

b) $\dfrac{7}{10}$ = _____

c) $\dfrac{3}{10}$ = _____

d) $\dfrac{11}{10}$ = _____

e) $\dfrac{6}{10}$ = _____

f) $\dfrac{23}{10}$ = _____

2 Complete corretamente os espaços. Veja o exemplo.

Exemplo:

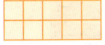 

$\dfrac{10}{10}$ ou 1 + $\dfrac{7}{10}$ ou 0,7 = $\dfrac{17}{10}$ ou 1,7

a)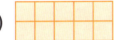

$\dfrac{10}{10}$ ou ____ + $\dfrac{10}{10}$ ou ____ + $\dfrac{5}{10}$ ou ____ = $\dfrac{}{}$ ou ____

b)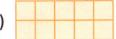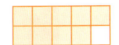

$\dfrac{10}{10}$ ou ____ + $\dfrac{10}{10}$ ou ____ + $\dfrac{9}{10}$ ou ____ = $\dfrac{}{}$ ou ____

3 Ligue as frações aos números na forma decimal correspondentes.

0,6   1,2   4,7   0,5   5,6

$\dfrac{56}{10}$ $\dfrac{47}{10}$ $\dfrac{12}{10}$ $\dfrac{6}{10}$ $\dfrac{5}{10}$

4 Represente os números abaixo usando algarismos nas formas de fração e decimal.

a) Sete décimos ▶ _____

b) Dezoito décimos ▶ _____

c) Cento e nove décimos ▶ _____

5 A envergadura de um Boeing 747-8F é de 68,4 metros.

- Escreva a medida indicada por extenso.

_____

_____

_____

Avião cargueiro Boeing 747-8F.

68,4 metros

6 O animal terrestre mais veloz do mundo, o guepardo, pode atingir 100 quilômetros por hora em curtas distâncias. Se os seres humanos corressem rápido assim, o recorde mundial de 100 metros seria alcançado em 3 segundos e 6 décimos.

Fêmea de guepardo no parque Masai Mara, no Quênia.

- Escreva esse tempo na forma decimal. _____

7 Observe a reta numérica e indique, aproximadamente, onde devem estar localizados os números na forma decimal a seguir.

4 Centésimos

Aprendendo

- A fração $\frac{1}{100}$ pode ser representada por 0,01 (um centésimo).

A parte colorida de verde representa $\frac{1}{100}$ ou 0,01 da figura. Observe.

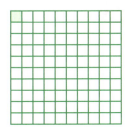

Forma de fração	Forma decimal	Leitura
$\frac{7}{100}$	0,07	sete centésimos
$\frac{23}{100}$	0,23	vinte e três centésimos
$\frac{357}{100}$	3,57	trezentos e cinquenta e sete centésimos ou três inteiros e cinquenta e sete centésimos

Representações de números na forma gráfica, na forma de fração e na forma decimal

- Vamos representar o número **duzentos e quarenta e dois centésimos**.

Representação gráfica	
Representação na forma de fração	$\frac{100}{100} + \frac{100}{100} + \frac{42}{100} = \frac{242}{100}$
Representação na forma decimal	$1 + 1 + 0,42 = 2,42$

Nesse número, temos:

2,42 — parte decimal / parte inteira

Praticando

1 Escreva na forma decimal.

a) $\frac{1}{100} =$ _____

b) $\frac{18}{100} =$ _____

c) $\frac{124}{100} =$ _____

d) $\frac{5}{100} =$ _____

e) $\frac{47}{100} =$ _____

f) $\frac{348}{100} =$ _____

g) $\frac{11}{100} =$ _____

h) $\frac{78}{100} =$ _____

i) $\frac{516}{100} =$ _____

2 Escreva na forma de fração e na forma decimal as representações coloridas de verde.

	Representação na forma de fração	Representação na forma decimal
a)		
b)		

ILUSTRAÇÕES: ADILSON SECCO

3 Represente com algarismos os números na forma decimal abaixo.

a) Três centésimos ▶ _____

b) Dezesseis centésimos ▶ _____

c) Vinte inteiros e quatro centésimos ▶ _____

d) Cento e cinquenta e oito centésimos ▶ _____

e) Quarenta inteiros e onze centésimos ▶ _____

4 Pinte nas figuras a seguir a quantidade de quadrinhos correspondentes aos números na forma decimal em cada caso.

a) 0,07

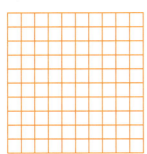

b) 0,56

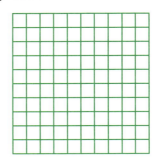

c) 0,80

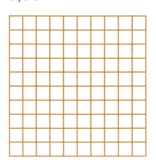

5 Escreva por extenso os números na forma decimal. Siga o exemplo.

Exemplo:

0,01 ▶ um centésimo

a) 0,07 ▶ _____

b) 0,09 ▶ _____

c) 0,05 ▶ _____

6 Escreva o número na forma decimal correspondente às frações abaixo.

a) $\dfrac{2}{100}$ = _____

b) $\dfrac{48}{100}$ = _____

c) $\dfrac{6}{100}$ = _____

d) $\dfrac{67}{100}$ = _____

e) $\dfrac{9}{100}$ = _____

f) $\dfrac{90}{100}$ = _____

Resolvendo problemas

Observe as moedas do sistema monetário brasileiro.

R$ 0,01   R$ 0,05   R$ 0,10   R$ 0,25   R$ 0,50   R$ 1,00

- Responda:
    a) Podemos dizer que **1 centavo** de real é o mesmo que **1 centésimo** do real? Por quê?
    b) Como podemos formar R$ 0,75?

5 Milésimos

Aprendendo

A fração $\frac{1}{1000}$ pode ser representada por 0,001 (um milésimo).

A parte colorida de laranja representa $\frac{1}{1000}$ ou 0,001 da figura.

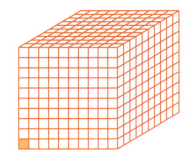

Observe.

Forma de fração	Forma decimal	Leitura
$\frac{9}{1000}$	0,009	nove milésimos
$\frac{115}{1000}$	0,115	cento e quinze milésimos
$\frac{2378}{1000}$	2,378	dois mil trezentos e setenta e oito milésimos ou dois inteiros e trezentos e setenta e oito milésimos

Representações de números na forma gráfica, na forma de fração e na forma decimal

Vamos representar o número **cinquenta e seis milésimos**.

Representação gráfica	
Representação na forma de fração	$\frac{56}{1000}$
Representação na forma decimal	0,056

Nesse número, temos:

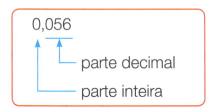

0,056 — parte decimal / parte inteira

274 duzentos e setenta e quatro

Praticando

1 Escreva na forma decimal.

a) $\dfrac{1}{1\,000}$ = _____

b) $\dfrac{5}{1\,000}$ = _____

c) $\dfrac{15}{1\,000}$ = _____

d) $\dfrac{67}{1\,000}$ = _____

e) $\dfrac{98}{1\,000}$ = _____

f) $\dfrac{142}{1\,000}$ = _____

g) $\dfrac{809}{1\,000}$ = _____

h) $\dfrac{1\,234}{1\,000}$ = _____

i) $\dfrac{2\,001}{1\,000}$ = _____

2 Complete com os sinais = ou ≠.

a) $\dfrac{5}{10}$ _____ 0,15

b) $\dfrac{16}{100}$ _____ 0,016

c) $\dfrac{2}{1\,000}$ _____ 0,002

d) $\dfrac{15}{100}$ _____ 0,15

e) $\dfrac{23}{100}$ _____ 2,3

f) $\dfrac{117}{1\,000}$ _____ 1,17

g) $\dfrac{36}{1\,000}$ _____ 0,036

h) $\dfrac{9}{100}$ _____ 0,9

i) $\dfrac{7}{10}$ _____ 0,7

3 Ligue as frações aos números na forma decimal correspondentes.

| 0,007 | 1,002 | 4,004 | 0,003 | 7,008 |

| $\dfrac{7\,008}{1\,000}$ | $\dfrac{4\,004}{1\,000}$ | $\dfrac{1\,002}{1\,000}$ | $\dfrac{7}{1\,000}$ | $\dfrac{3}{1\,000}$ |

4 Represente usando algarismos nas formas de fração e decimal.

a) Dois milésimos ▶ _____

b) Quatro mil e nove milésimos ▶ _____

c) Sete mil oitocentos e sete milésimos ▶ _____

d) Cento e cinco milésimos ▶ _____

5. Ana quer saber qual dos números abaixo representa a maior parte da unidade.

0,5   0,50   0,500

Para isso, ela digitou em uma calculadora as seguintes teclas:

5 ÷ 1 0 = ☐

5 0 ÷ 1 0 0 = ☐

5 0 0 ÷ 1 0 0 0 = ☐

- Em uma calculadora, digite as mesmas teclas que Ana, registre os resultados e veja o que ela descobriu.

 Curiosidade

RoboCup, uma Copa do Mundo em versão mecânica

Desde 1997, equipes do mundo inteiro se reúnem todos os anos para disputar a *RoboCup*, uma Copa do Mundo em versão mecânica. A longo prazo, o objetivo do projeto se tornará mais sofisticado: estimulará o desenvolvimento da robótica a ponto de criar máquinas capazes de derrotar, sem ajuda humana, o time vencedor da Copa do Mundo de 2050. A competição tem regras bem definidas e as máquinas apresentam medidas especificadas.

Os robôs humanoides dessa competição possuem três faixas de altura: crianças (de 0,4 m até 0,9 m); adolescentes (de 0,8 m até 1,4 m); adultos (de 1,3 m até 1,8 m).

Robôs jogadores de futebol na edição de 2018 em Magdeburg, na Alemanha.

6 Representação no quadro de ordens

Aprendendo

O quadro de ordens também pode ser usado para representar números na forma decimal. Para isso, acrescentamos novas ordens à direita da ordem das unidades: a ordem dos décimos (d), a dos centésimos (c) e a dos milésimos (m).

Veja, por exemplo, como podemos representar o número 124,489 em um quadro de ordens.

Parte inteira			Parte decimal		
C	D	U	d	c	m
1	2	4,	4	8	9

Lemos: cento e vinte e quatro inteiros, quatrocentos e oitenta e nove milésimos.

1 2 4, 4 8 9
- 9 milésimos: 0,009
- 8 centésimos: 0,08
- 4 décimos: 0,4
- 4 unidades: 4
- 2 dezenas: 20
- 1 centena: 100

Observe como podemos decompor esse número:

124,489 = 100 + 20 + 4 + 0,4 + 0,08 + 0,009

Praticando

1 Represente cada número no quadro de ordens.

Parte inteira			Parte decimal		
C	D	U	d	c	m

- Cinco inteiros e sete décimos ▶
- Doze inteiros e trinta e nove centésimos ▶
- Cem inteiros e trezentos e quatro milésimos ▶
- Quatro inteiros e dezenove milésimos ▶

duzentos e setenta e sete 277

2 Represente os números 12,04; 8,037 e 151,2 no quadro de ordens abaixo e, depois, escreva como se lê cada um deles.

Parte inteira			Parte decimal		
C	D	U	d	c	m

▶ _____

▶ _____

▶ _____

3 Escreva cada uma das quantias usando a forma decimal.

a)

b)

c)

4 Escreva como se lê o preço, em real, de cada um dos produtos abaixo.

a)

_____

_____

c)

_____

_____

b)

_____

_____

d)

_____

_____

5 Flávia usou uma régua para medir o comprimento de uma caneta.

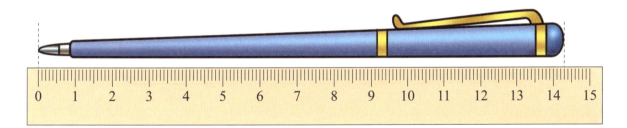

a) Qual é a medida dessa caneta?

_____

_____

b) Meça com uma régua o comprimento e a largura do seu livro de Matemática. Escreva as medidas usando um número na forma decimal.

_____

_____

duzentos e setenta e nove

7 Números equivalentes

Aprendendo

As figuras abaixo foram divididas em 10 e 100 partes e, depois, foram coloridas de verde 7 e 70 dessas partes, respectivamente.

Observe.

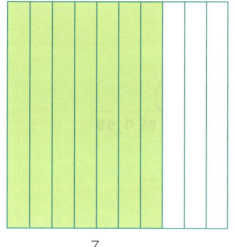

$$\frac{7}{10} = 0,7$$

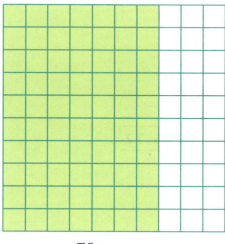

$$\frac{70}{100} = 0,70$$

Verificamos que 0,7 representa o mesmo que 0,70, ou seja, esses números são **equivalentes**.

> **Números equivalentes** são aqueles que representam a mesma quantidade.

Veja alguns exemplos.

- 0,5 = 0,50 = 0,500 = 0,5000
- 4,8 = 4,80 = 4,800 = 4,8000
- 7 = 7,0 = 7,00 = 7,000
- 13,9 = 13,90 = 13,900 = 13,9000

Note que:

> Quando acrescentamos ou retiramos um ou mais zeros à direita da parte decimal de um número, esse número não se altera.

Praticando

1 Escreva a representação na forma decimal da parte amarela da figura 1 e da figura 2. Depois, faça o que se pede.

Figura 1    Figura 2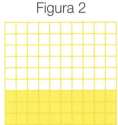

 Os números que você escreveu representam a mesma quantidade? Converse com um colega.

_____   _____

2 Complete com os sinais = ou ≠.

a) 5,7 _____ 5,70

b) 1,7 _____ 0,017

c) 19 _____ 19,00

d) 0,45 _____ 0,450

e) 30,7 _____ 3,70

f) 0,79 _____ 7,90

3 Cerque com uma linha as igualdades verdadeiras.

a) 13,7 = 13,700

b) 5,07 = 5,7

c) 5,0 = 0,5

d) 4,00 = 4

e) 8,060 = 8,600

f) 6,04 = 6,4

4 Utilizando zero(s), iguale a quantidade de casas decimais dos números a seguir.

Exemplos:
4,9 e 8,97 ▶ 4,90 e 8,97
1,07 e 4,5 ▶ 1,07 e 4,50

a) 5,4 e 4,504 ▶ _____ e _____

b) 3,063 e 0,74 ▶ _____ e _____

c) 2 e 4,3 ▶ _____ e _____

d) 0,1 e 2,723 ▶ _____ e _____

e) 9,11 e 2,3 ▶ _____ e _____

f) 4 e 7,87 ▶ _____ e _____

5 Retire o(s) zero(s) que não altera(m) o valor dos números abaixo.

a) 4,700 = _____

b) 3,000 = _____

c) 0,090 = _____

d) 15,00 = _____

e) 0,08 = _____

f) 10,50 = _____

g) 0,040 = _____

h) 12,070 = _____

i) 95,00 = _____

duzentos e oitenta e um

8 Comparação de números na forma decimal

Aprendendo

Comparar dois números na forma decimal significa estabelecer relação de igualdade ou desigualdade entre eles.

Consideremos dois casos. Acompanhe.

As partes inteiras são diferentes

> O maior número na forma decimal é aquele que tem a parte inteira maior.

Veja os exemplos.
- 5,3 > 2,38, pois 5 > 2
- 8,947 < 11,7, pois 8 < 11

As partes inteiras são iguais

> O maior número na forma decimal é aquele que tem a parte decimal maior.

Na comparação da parte decimal de dois números, é importante igualar, inicialmente, o número de casas decimais acrescentando zeros.

Veja os exemplos.
- 0,7 > 0,693

  Igualando as casas decimais:

  0,700 > 0,693, pois 700 > 693

- 4,372 < 4,38

  Igualando as casas decimais:

  4,372 < 4,380, pois 372 < 380

Praticando

1 Complete com os sinais < (menor que) ou > (maior que).

a) 6,3 ____ 5,8

b) 3,42 ____ 4,7

c) 0,15 ____ 1,3

d) 2 ____ 0,4

e) 0,83 ____ 0,75

f) 4,6 ____ 4,39

g) 0,39 ____ 0,039

h) 3,194 ____ 3,2

i) 7,4 ____ 7,04

j) 8,6 ____ 0,86

k) 3,818 ____ 3,99

l) 30,1 ____ 31

2 Carlos tem 1,82 metro de altura, e André, 1,79 metro de altura. Quem é o mais alto?

_____ é o mais alto.

3 Lia possui 50,7 quilogramas, e Márcia, 45,9 quilogramas. Quem possui mais massa?

_____ possui mais massa.

4 Aline comprou 6,45 metros de tecido, e Lúcia, 6,35 metros. Qual delas comprou menos tecido?

_____ comprou menos tecido.

9 Adição de números na forma decimal

Aprendendo

1 Rose foi ao bazar comprar uma borracha e um lápis. O valor da borracha era R$ 0,34, e o do lápis era R$ 0,58.

• Quanto ela pagou pelas duas mercadorias juntas?

Observe como Rose adicionou os valores das duas mercadorias.

```
  U , d  c
       1
    0 , 3  4
 +  0 , 5  8
 ─────────────
    0 , 9  2
```

Para fazer essa adição, coloquei vírgula embaixo de vírgula e adicionei centésimos com centésimos, décimos com décimos.

Portanto, Rose pagou R$ 0,92 pelas duas mercadorias.

Eliseu enviará duas caixas pelo correio. A primeira tem 0,6 quilograma de massa, e a segunda, 2,76 quilogramas.

- Qual é a massa dessas duas caixas juntas?

    Para responder a essa pergunta, podemos efetuar a adição 0,6 + 2,76.
    Vamos utilizar o algoritmo da adição.

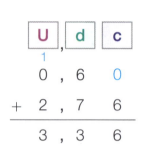

"0,6 é o mesmo que 0,60."

Portanto, a massa dessas duas caixas juntas é 3,36 quilogramas.

Veja outros exemplos com a adição de três números na forma decimal.

```
   1
  1 2,3 0              8,0 0 0
    0,0 7              4,0 7 0
 +  3,8 0           + 1 3,2 3 8
  ─────────          ──────────
  1 6,1 7             2 5,3 0 8
```

Praticando

 Efetue as adições.

a) 3,5
   +1,8
   ─────

b)   6,4 3
   + 5,2 5
   ───────

c) 5,1 7
    0,3 4
  + 2,6 0
  ───────

d) 1 2,5 0
    0,0 7
  + 3,6 0
  ─────────

e) 1,2 5 4
    0,6 2 3
  + 3,1 2 0
  ─────────

f) 0,4 0 5
    0,3 1 2
  + 0,7 8 4
  ─────────

2 Arme e efetue as adições.

a) 3,4 + 6,17 = _____	**f)** 1,33 + 0,3 = _____
b) 7,17 + 0,52 = _____	**g)** 0,835 + 1,4 + 0,16 = _____
c) 3,008 + 4,2 = _____	**h)** 0,35 + 0,07 + 0,007 = _____
d) 15 + 3,76 = _____	**i)** 15,6 + 320,25 = _____
e) 0,75 + 0,019 = _____	**j)** 10 + 0,01 + 1,1 = _____

3 Com uma calculadora, efetue as adições a seguir.

a) 1,6 + 9,62 = _____   **c)** 5,32 + 4,689 = _____

b) 4,13 + 5 + 1,09 = _____   **d)** 1,27 + 3,625 + 4 = _____

4 No período da manhã, Irineu pintou 32 centésimos de um mural e, à tarde, pintou mais 9 centésimos. Que parte do mural Irineu pintou?

Irineu pintou _____ do mural.

5 Isabela tem R$ 5,50, e Iaci, R$ 4,25. Elas vão usar esse dinheiro para comprar um jogo de damas. Quantos reais elas têm juntas?

Elas têm _____ reais.

6 Bruno tem 1,34 metro de altura. Mário tem 6 centésimos de metro a mais que Bruno. Qual é a altura de Mário?

Mário tem _____ metro de altura.

7 Alice comprou 2,35 quilogramas de arroz, 5 quilogramas de feijão e 4,5 quilogramas de açúcar. Quantos quilogramas de alimento ela comprou ao todo?

Alice comprou ao todo _____ quilogramas de alimento.

10 Subtração com números na forma decimal

Aprendendo

> **Adição e subtração com números na forma decimal**
> Nesta atividade, em cada etapa, você terá uma quantia de dinheiro para comprar alguns materiais escolares.

1. Paula vai comprar tomates para o almoço. Na quitanda, o preço de 1 kg de tomate é R$ 7,85, e, no supermercado, o quilograma do tomate é R$ 0,18 mais barato.

- Quanto custa o quilograma do tomate no supermercado?

Para saber o preço do quilograma do tomate no supermercado, Paula fez a seguinte operação:

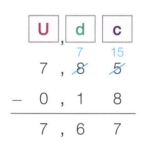

Portanto, o quilograma do tomate custa R$ 7,67 no supermercado.

2. Um prédio tem 12 metros de altura. O prédio vizinho tem 9,25 metros.

- Qual é a diferença de altura entre os dois prédios?

Para responder a essa pergunta, podemos fazer a seguinte operação:

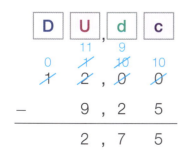

Lembre-se de que: 12 = 12,00

Portanto, a diferença de altura entre os dois prédios é de 2,75 metros.

duzentos e oitenta e sete

Praticando

1 Arme e efetue as subtrações a seguir.

a) 0,6 − 0,46 = _____	**d)** 92,7 − 89,94 = _____
b) 0,76 − 0,658 = _____	**e)** 1,134 − 0,98 = _____
c) 7 − 3,68 = _____	**f)** 0,95 − 0,876 = _____

2 Com uma calculadora, efetue as subtrações abaixo.

a) 15,73 − 8,054 = _____ **b)** 7,43 − 6 = _____

3 O *Sea Orbiter*, o primeiro navio vertical do mundo, cuja forma lembra um cavalo-marinho, é uma estação oceanográfica com 51 metros de altura e 23,8 metros de largura. Qual é a diferença entre essas duas medidas?

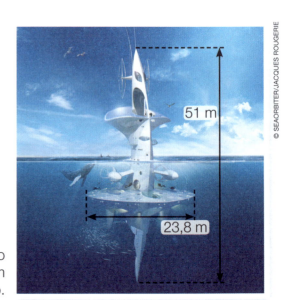

Estação oceanográfica *Sea Orbiter* cujo objetivo principal é desvendar as profundezas do mar sem causar perturbação no ambiente submarino.

A diferença entre as medidas é de _____ metros.

288 duzentos e oitenta e oito

4 Ana comprou 0,65 de um bolo. Comeu 0,3 no lanche. Que parte do bolo sobrou?

Sobrou _____ do bolo.

5 De um garrafão de 20 litros de água foram consumidos 5,6 litros. Quantos litros de água restaram no garrafão?

Restaram _____ litros de água no garrafão.

6 Quanto devemos adicionar a 0,389 para obter 1 unidade?

Devemos adicionar _____ para obter uma unidade.

7 Leia o trecho da notícia abaixo.

JORNAL DO ESPORTE

Com direito a recorde olímpico, o atleta brasileiro Thiago Braz saltou 6,03 metros e conquistou a medalha de ouro no salto com vara nos Jogos Olímpicos Rio 2016. O francês Renaud Lavillenie saltou 5,98 metros e ficou com a medalha de prata. O bronze ficou com o americano Sam Kendricks, com 5,85 metros.

Thiago Braz, no momento do salto.

- Agora, responda.
  a) Quantos centímetros Thiago Braz saltou a mais que Renaud Lavillenie? _____
  b) Qual é a diferença, em centímetro, entre as alturas do salto de Thiago Braz e Sam Kendricks? _____

Jogando e aprendendo

Memória da soma 1

Material

- 20 cartas com números na forma decimal da página **A11**

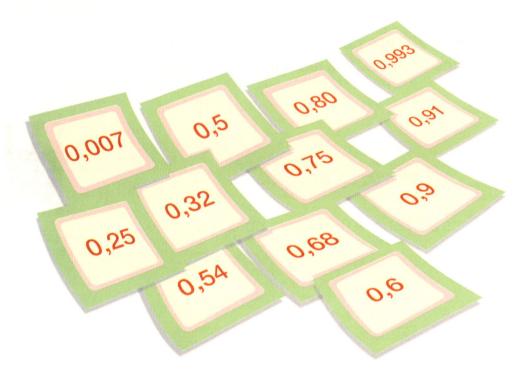

Maneira de brincar

1. Reúna-se a dois colegas e destaquem as cartas com os números na forma decimal.
2. Um dos jogadores embaralha as cartas e as coloca sobre uma mesa com a face com números voltada para baixo.
3. O primeiro jogador vira duas cartas. Se a soma for 1, ele fica com as cartas. Se as cartas não somarem 1, o jogador desvira as duas cartas, colocando-as no mesmo lugar, e passa a vez para o próximo jogador.
4. Ganha quem consegue a maior quantidade de cartas.

Agora, responda.

1. Um jogador virou as cartas com os números 0,54 e 0,46. Ele pode ficar com as cartas? Justifique.
2. Se um jogador vira a carta com o número 0,007, qual é a carta que ele deve virar para obter soma 1?

11 Multiplicação com números na forma decimal

Aprendendo

A figura abaixo é formada por 12 cubinhos e meio. As arestas de cada um desses cubinhos medem 0,25 m. Qual é o comprimento dessa figura?

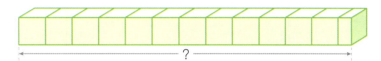

Para descobrir o comprimento, vamos multiplicar 12,5 cubinhos por 0,25 m. Veja.

$$0{,}25 \times 12{,}5 = \frac{25}{100} \times \frac{125}{10} = \frac{3\,125}{1\,000} = 3{,}125$$

Portanto, os 12 cubinhos e meio representam uma figura com 3,125 m de comprimento. Verifique que a quantidade de casas decimais do produto é igual à soma da quantidade de casas decimais dos fatores.

$$\underset{\text{duas casas decimais}}{0{,}25} \times \underset{\text{uma casa decimal}}{12{,}5} = \underset{\text{três casas decimais}}{3{,}125}$$

De maneira prática, no algoritmo tradicional, multiplicamos os números, desconsiderando a vírgula dos fatores, e efetuamos o cálculo. Em seguida, colocamos a vírgula no resultado de modo que o número de casas decimais do produto seja igual à soma do número de casas decimais dos fatores.

```
          1
       1  2
         1 2,5    ← uma casa decimal
       ×  0,2 5   ← duas casas decimais
       ─────────
        1 6 2 5
       + 2 5 0
       ─────────
         3,1 2 5  ← três casas decimais
```

Observe outros exemplos.

- 1,6 × 3,4 = 5,44

```
        2
         3,4     ← uma casa decimal
       × 1,6     ← uma casa decimal
       ───────
         2 0 4
       + 3 4
       ───────
         5,4 4   ← duas casas decimais
```

- 0,013 × 12 = 0,156

```
            1 2
       × 0,0 1 3   ← três casas decimais
       ─────────
             3 6
       +   1 2
       ─────────
         0,1 5 6   ← três casas decimais
```

Praticando

1 Efetue as multiplicações.

a) 1,3 × 0,2	c) 2,5 × 0,3	e) 3,2 × 0,4
b) 4,5 × 0,5	d) 5,9 × 1,3	f) 4 × 2,5

2 Arme e efetue as multiplicações.

a) 3,8 × 4,4 = _____	b) 0,012 × 13 = _____	c) 6,32 × 11,4 = _____

3 Pedro comprou 8 pacotes de 0,5 kg de feijão. Quantos quilogramas de feijão ele comprou ao todo?

Pedro comprou ao todo

_____ quilogramas de feijão.

4 Luciana usou 3,5 colheres de manteiga para fazer um bolo de chocolate. Quantas colheres de manteiga ela utilizará para fazer 3 desses bolos?

Luciana utilizará _____ colheres de manteiga.

5 Uma garrafa contém 0,28 litro de suco. Qual é a quantidade de suco obtida com 24 dessas garrafas?

Com 24 dessas garrafas, são obtidos _____ litros de suco.

6 Um prédio tem 15 andares. Cada andar tem 3,18 metros de altura. Calcule a altura desse prédio e, depois, com uma calculadora, verifique se você acertou.

O prédio tem _____ metros de altura.

7 Aline tem R$ 64,75. Renata tem o triplo dessa quantia.

a) Quantos reais tem Renata? _____

b) Quantos reais têm as duas juntas? _____

8 No açougue, o quilograma de carne custa R$ 18,90. Quantos reais vai gastar quem comprar 2 kg dessa carne? _____

9 Joana usa 0,125 litro de leite para fazer um bolinho. De que quantidade de leite Joana precisará para fazer 30 bolinhos?

Joana precisará de _____ litros de leite.

10 Jaqueline treina corrida todos os dias. Ela corre 5,78 quilômetros por dia.

a) Quantos quilômetros ela terá corrido em 1 semana? _____

b) E em 8 semanas? _____

11 Observe as teclas que Lucas apertou para efetuar a multiplicação 8 vezes 4,35 com uma calculadora. Depois, faça o que se pede.

a) Aperte a sequência de teclas que Lucas utilizou e escreva o resultado que ele encontrou. _____

b) Com uma calculadora, encontre o resultado de 6 × 0,004 e registre-o. _____

12 Angélica foi a uma lanchonete e comprou 5 sucos de laranja e 4 sanduíches naturais para um lanche com os sobrinhos. Cada suco de laranja custa R$ 2,80, e cada sanduíche natural, R$ 4,50. Quanto ela gastou ao todo?

Angélica gastou ao todo _____ na lanchonete.

12 Multiplicação com números na forma decimal por 10, por 100 e por 1000

Aprendendo

 Em uma empresa de brindes são produzidas canetas personalizadas ao preço de custo de R$ 1,45 a unidade.

- Qual é o custo de 10 canetas? E de 100 canetas? E de 1 000 canetas?

  Observe.

  ```
      1, 4 5              1, 4 5                1, 4 5
    ×     1 0           ×   1 0 0             ×  1 0 0 0
     1 4, 5 0           1 4 5, 0 0            1 4 5 0, 0 0
  ```

  1,45 × 10 = 14,50   1,45 × 100 = 145,00   1,45 × 1 000 = 1 450,00

  A vírgula desloca-se uma casa para a direita. A vírgula desloca-se duas casas para a direita. A vírgula desloca-se três casas para a direita.

  Portanto, os custos de 10, 100 e 1 000 canetas são, respectivamente, R$ 14,50, R$ 145,00 e R$ 1 450,00.

  > Para multiplicar um número na forma decimal por 10, por 100 ou por 1 000, basta deslocar a vírgula para a direita uma, duas ou três casas decimais, respectivamente.

Praticando

Efetue as multiplicações.

a) 1,32 × 10 = _____

b) 43,7 × 100 = _____

c) 9,376 × 100 = _____

d) 8,37 × 10 = _____

e) 3,2 × 100 = _____

f) 3,45 × 1 000 = _____

g) 0,007 × 100 = _____

h) 99,45 × 1 000 = _____

i) 12,96 × 10 = _____

j) 0,178 × 100 = _____

k) 0,032 × 1 000 = _____

l) 0,8 × 100 = _____

13 Divisão com quocientes na forma decimal

Aprendendo

Se o dividendo for um número natural

Iaci dividiu uma fita de 15 centímetros de comprimento em 4 partes iguais.

- Qual é o comprimento de cada uma dessas partes?

Primeiro, dividimos 15 unidades por 4 e obtemos 3 unidades. Sobram 3 unidades, que é o mesmo que 30 décimos. Observe.

$$\begin{array}{r|l} 15 & 4 \\ -12 & 3 \\ \hline 3 & \end{array}$$

Em seguida, dividimos 30 décimos por 4. Obtemos 7 décimos. Sobram 2 décimos, que é o mesmo que 20 centésimos.

$$\begin{array}{r|l} 15 & 4 \\ -12 & 3, \\ \hline 30 & \end{array} \longrightarrow \begin{array}{r|l} 15 & 4 \\ -12 & 3,7 \\ \hline 30 & \\ -28 & \\ \hline 2 & \end{array}$$

Por fim, dividimos 20 centésimos por 4. Obtemos 5 centésimos e não sobra resto.

$$\begin{array}{r|l} 15 & 4 \\ -12 & 3,7 \\ \hline 30 & \\ -28 & \\ \hline 20 & \end{array} \longrightarrow \begin{array}{r|l} 15 & 4 \\ -12 & 3,75 \\ \hline 30 & \\ -28 & \\ \hline 20 & \\ -20 & \\ \hline 0 & \end{array}$$

Portanto, cada uma dessas partes tem 3,75 centímetros de comprimento.

Observe outros exemplos.

- $17 \div 2 = 8,5$

```
  1 7  | 2
- 1 6  | 8,5
  ———
    1 0
  - 1 0
  ———
      0
```

- $145 \div 8 = 18,125$

```
  1 4 5  | 8
-     8  | 18,125
  ———
    6 5
  - 6 4
  ———
      1 0
  -     8
  ———
        2 0
      - 1 6
      ———
          4 0
        - 4 0
        ———
            0
```

Se o dividendo for um número na forma decimal

Quando o dividendo é um número na forma decimal, devemos transformar o divisor também em um número na forma decimal. Para isso acrescentamos uma vírgula e um zero e verificamos se o dividendo e o divisor possuem a mesma quantidade de casas decimais. Sendo necessário, acrescentamos mais zeros para que isso ocorra. Depois efetuamos a divisão.

Veja os exemplos a seguir.

- $25,5 \div 5 = 5,1$

```
 2 5,5 | 5,0      →      2 5 5 | 5 0
                       - 2 5 0 | 5,1
                       ———
                         0 5 0
                       -   5 0
                       ———
                             0
```

- $6,32 \div 2 = 3,16$

```
 6,3 2 | 2,0 0    →      6 3 2 | 2 0 0
                       - 6 0 0 | 3,1 6
                       ———
                         0 3 2 0
                       -   2 0 0
                       ———
                           1 2 0 0
                         - 1 2 0 0
                         ———
                               0
```

duzentos e noventa e sete

- $1,8 \div 3 = 0,6$

$$1,8 \lfloor 3,0 \longrightarrow \begin{array}{r} 180 \lfloor 30 \\ -180 \, 0,6 \\ \hline 0 \end{array}$$

Praticando

1 Arme e efetue as divisões.

a) $19 \div 2 =$ _____

b) $8 \div 5 =$ _____

c) $30 \div 12 =$ _____

d) $25 \div 4 =$ _____

e) $102 \div 4 =$ _____

f) $204 \div 15 =$ _____

2 Camila fez 16 litros de suco de uva para serem divididos igualmente em 5 jarras. Calcule quantos litros de suco couberam em cada jarra. Use uma calculadora para conferir o resultado que você obteve.

Couberam _____ litros de suco em cada jarra.

3 Efetue as divisões abaixo.

a) 7,44 ÷ 3 = _____

c) 120,6 ÷ 9 = _____

e) 82,5 ÷ 5 = _____

b) 15,2 ÷ 8 = _____

d) 6,8 ÷ 4 = _____

f) 42,56 ÷ 8 = _____

4 Isabela quer dividir 21,6 metros de barbante em 12 pedaços iguais. Qual será o comprimento de cada pedaço?

Cada pedaço terá _____ metro de comprimento.

5 Em 8 partidas seguidas, um jogador de futebol marcou 10 gols. Quantos gols por partida, em média, esse jogador marcou?

Esse jogador marcou, em média, _____ gol por partida.

6 Bruno dividiu igualmente 17,92 quilogramas de farinha de trigo em 7 pacotes iguais. Quantos quilogramas de farinha foram colocados em cada pacote?

Foram colocados _____ quilogramas de farinha de trigo em cada pacote.

14 Divisão de números na forma decimal por 10, por 100 e por 1 000

Aprendendo

Já vimos que, na multiplicação com números decimais por 10, por 100 ou por 1 000, basta deslocar a vírgula para a direita uma, duas ou três casas decimais, respectivamente.

> No caso da divisão, operação inversa da multiplicação, com números na forma decimal por 10, por 100 ou por 1 000, basta deslocar a vírgula para a esquerda uma, duas ou três casas decimais, respectivamente.

Veja.

- 356,8 ÷ **10** = 35,68
  A vírgula desloca-se uma casa para a esquerda.

- 356,8 ÷ **100** = 3,568
  A vírgula desloca-se duas casas para a esquerda.

- 356,8 ÷ **1 000** = 0,3568
  A vírgula desloca-se três casas para a esquerda.

- 15,9 ÷ **10** = 1,59
  A vírgula desloca-se uma casa para a esquerda.

- 3,6 ÷ **100** = 0,036
  A vírgula desloca-se duas casas para a esquerda.

- 1 234 ÷ **1 000** = 1,234
  A vírgula desloca-se três casas para a esquerda.

Nesse último exemplo, verificamos que, quando se trata de um número inteiro, subentende-se a existência da vírgula após a ordem das unidades simples.

1 Efetue as divisões.

a) 48,3 ÷ 10 = _____

b) 58,7 ÷ 100 = _____

c) 2345,7 ÷ 1 000 = _____

d) 98,37 ÷ 10 = _____

e) 943 ÷ 100 = _____

f) 38,49 ÷ 1 000 = _____

g) 2 ÷ 1 000 = _____

h) 6,5 ÷ 10 = _____

i) 3 800 ÷ 100 = _____

j) 14,7 ÷ 100 = _____

2 Complete os quadros abaixo com os resultados das operações indicadas.

↪ ×	10	100	1 000
2,4			
1,36			
0,07			
4,567			
1,08			
20,02			
0,008			

↪ ÷	10	100	1 000
7,8			
0,7			
154,5			
52			
6			
19,3			
36,01			

3 Qual é o número que multiplicado por 1 000 dá como resultado 3 580?

O número é _____.

trezentos e um

Tratando a informação

Agrupar dados em tabelas

A professora de Educação Física do 4º ano A mediu a altura e a massa de seus alunos.

Altura dos alunos do 4º ano A

1,32 m	1,35 m	1,31 m	1,35 m	1,37 m
1,38 m	1,34 m	1,32 m	1,31 m	1,38 m
1,34 m	1,31 m	1,36 m	1,33 m	1,32 m
1,33 m	1,34 m	1,35 m	1,34 m	1,36 m

Massa dos alunos do 4º ano A

27,5 kg	28,3 kg	28,0 kg	27,6 kg	28,6 kg
28,4 kg	27,7 kg	28,4 kg	27,7 kg	27,6 kg
27,9 kg	27,9 kg	28,4 kg	28,3 kg	27,7 kg
28,3 kg	28,1 kg	27,9 kg	28,0 kg	28,3 kg

Depois, a professora pediu a um dos alunos que organizasse em uma tabela os dados referentes à altura. Observe e faça o que se pede.

Altura dos alunos do 4º ano A	
Altura	Número de alunos
Mais de 1,30 m até 1,33 m	8
Mais de 1,33 m até 1,36 m	
Mais de 1,36 m até 1,39 m	

Dados obtidos pela professora de Educação Física, em fev. 2019.

a) Complete a tabela acima.

b) Você organizaria esses dados de maneira diferente? Se sim, como?

c) No caderno, faça uma tabela agrupando os dados da massa dos alunos. Compare sua tabela com a de um colega.

d) Junte-se a alguns colegas e, com a ajuda do professor, registrem no caderno a altura e a massa de cada um dos colegas da sala. Depois, organizem os dados em tabelas, façam um cartaz e exponham-no para os alunos das outras classes.

Praticando mais

1 Cada malha abaixo representa um inteiro dividido em 100 partes iguais.
Escreva, na forma de fração e na forma decimal, o número que representa a parte pintada de cada uma das cores nessas malhas.

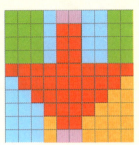 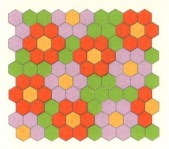 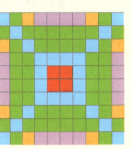

Laranja: _____   Laranja: _____   Laranja: _____

Azul: _____   Azul: _____   Azul: _____

Roxo: _____   Roxo: _____   Roxo: _____

Verde: _____   Verde: _____   Verde: _____

Vermelho: _____   Vermelho: _____   Vermelho: _____

2 Complete o quadro abaixo.

Representação na forma de fração	Representação na forma decimal	Como lemos
$\frac{6}{10}$	0,6	
$\frac{63}{100}$		
	0,074	

3 Resolva as multiplicações 4 × 5,5 e 5 × 4,4. Qual delas tem o maior resultado?

4 Escreva como se lê a temperatura indicada no termômetro ao lado.

5 Um rolo de barbante tem 70 m. Retirei 32,48 m para amarrar algumas encomendas. Quantos metros desse rolo de barbante sobraram? _____

6 Descubra a regra de cada sequência e complete-a com os números que faltam. Depois, escreva o que você descobriu.

a) | 0,2 | 0,4 | 0,6 | | | | |

_____

b) | 3,0 | 3,5 | 4,0 | | | | |

_____

c) | 5,0 | 4,8 | 4,6 | | | | |

_____

7 Veja as marcas obtidas por 5 atletas em 3 provas de salto em distância.

	1ª prova	2ª prova	3ª prova
Aldair	2,74 m	2,75 m	2,95 m
Abelardo	3,09 m	3,15 m	2,80 m
Daniel	2,65 m	2,90 m	3,40 m
Eduardo	3,31 m	2,30 m	3,15 m
Tércio	2,90 m	3,12 m	3,25 m

- Escreva o nome do atleta que obteve o melhor resultado em cada prova.

_____

8 Com uma calculadora, descubra o número que deve ser colocado na parte roxa da figura ao lado para que a soma dos 5 números seja igual a 1. _____

9 No início de uma viagem, o hodômetro de um veículo marcava 345,6 km. Ao término dessa viagem, o hodômetro marcava 380 km. Quantos quilômetros esse veículo percorreu na viagem? _____

10 Andrezza foi ao supermercado e comprou 3 garrafas de suco de uva ao preço de R$ 4,00 cada uma e 1 queijo por R$ 6,20. Observe as cédulas que ela deu como pagamento. Depois, responda: quantos reais ela recebeu de troco? _____

11 Observe a moldura que João fez para um quadro de cortiça. Depois, responda à questão.

- Quantos metros de madeira, ao todo, serão usados para fazer 8 dessas molduras?

_____

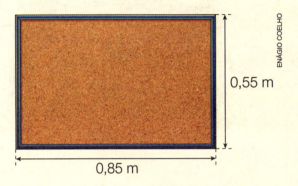

12 Em uma competição de *kart*, Bruno completou 9 voltas. Ele fez cada volta em 0,94 minuto. Qual foi o tempo total que Bruno fez nessa prova? _____

Desafio

Um cliente de um supermercado recebeu a nota fiscal ao lado.

Se esse cliente pagou sua compra com uma cédula de R$ 100,00, quanto ele recebeu de troco?

_____

NOTA DE COMPRA

QUANTIDADE	PRODUTO	VALOR
2 kg	Açúcar	R$ 4,40
3 latas	Leite em pó	R$ 19,50
5 unidades	Sabonete	R$ 6,00
2 unidades	Creme dental	R$ 3,00
3 unidades	Sabão em pó	R$ 14,70
	VALOR TOTAL	R$ 47,60

UNIDADE 10
Medidas de comprimento e de superfície

Trocando ideias

1. Para ir do estábulo até a sede da fazenda, qual é a menor distância a ser percorrida?
2. Seu Antônio saiu do estábulo, passou pela pastagem e foi até a sede da fazenda. Quantos metros ele percorreu?
3. A superfície do lago parece ter medida maior ou menor que a superfície do estábulo?

1 Medidas de comprimento

Aprendendo

1. Em várias situações do dia a dia, precisamos medir comprimentos. Observe o que a turminha está fazendo.

Em cada uma das situações acima, estamos comparando um comprimento com outro comprimento escolhido como unidade de medida.

Praticando

2. Para efetuar medições no cotidiano, podemos usar alguns instrumentos de medida. Qual é o nome dos instrumentos abaixo?

2 O metro, seus múltiplos e submúltiplos

Aprendendo

A unidade fundamental para medir comprimentos é o metro.

$$1 \text{ metro} = 1 \text{ m}$$

Observe algumas medidas expressas em metros.

| A piscina tem 1 metro de profundidade. | A sala da casa tem 4 metros de largura. | O prédio tem 15 metros de altura. |

Para medir **pequenos comprimentos**, utilizamos os **submúltiplos** do metro. São eles:

- o **decímetro**, cujo símbolo é **dm**.

  O decímetro é a décima parte do metro.

$$1 \text{ dm} = \frac{1}{10} \text{ m} = 0{,}1 \text{ m}$$

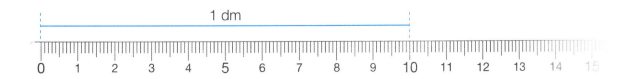

- o **centímetro**, cujo símbolo é **cm**.

  O centímetro é a centésima parte do metro.

  $$1\ cm = \frac{1}{100}\ m = 0{,}01\ m$$

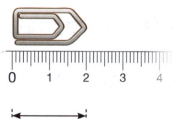

20 mm ou 2 cm

- o **milímetro**, cujo símbolo é **mm**.

  O milímetro é a milésima parte do metro.

  $$1\ mm = \frac{1}{1000}\ m = 0{,}001\ m$$

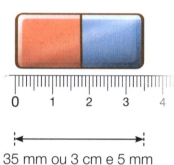

35 mm ou 3 cm e 5 mm

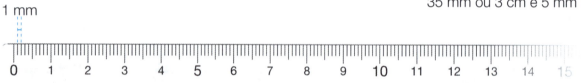

Dessas unidades, as mais utilizadas são o centímetro e o milímetro.

Para medir **grandes distâncias**, utilizamos os **múltiplos** do metro. São eles:

- o **quilômetro**, cujo símbolo é **km**.   1 km = 1 000 m
- o **hectômetro**, cujo símbolo é **hm**.   1 hm = 100 m
- o **decâmetro**, cujo símbolo é **dam**.   1 dam = 10 m

Dessas unidades, a mais utilizada é o quilômetro.

Observe o quadro de unidades com múltiplos e submúltiplos do metro.

Quadro de unidades						
Múltiplos			Unidade fundamental	Submúltiplos		
quilômetro	hectômetro	decâmetro	metro	decímetro	centímetro	milímetro
km	hm	dam	m	dm	cm	mm
1 000 m	100 m	10 m	1 m	0,1 m	0,01 m	0,001 m

Curiosidade

Burj Khalifa: o prédio de quase 1 km de altura

Localizado em Dubai, nos Emirados Árabes Unidos, o edifício Burj Khalifa é a estrutura mais alta já erguida pelo ser humano. Essa torre tem 828 metros de altura e nela se encontram o mirante mais alto do planeta (no 124º andar) e o elevador que percorre a maior distância do mundo (504 metros, do térreo ao 138º andar).

Burj Khalifa, 2018.

Praticando

1 Escreva os símbolos das unidades de medida abaixo.

a) Decâmetro ▶ _____

b) Hectômetro ▶ _____

c) Quilômetro ▶ _____

d) Decímetro ▶ _____

e) Centímetro ▶ _____

f) Milímetro ▶ _____

2 Complete.

a) 1 km ▶ _____ m

b) 1 hm ▶ _____ m

c) 1 dam ▶ _____ m

d) 1 dm ▶ _____ m

e) 1 cm ▶ _____ m

f) 1 mm ▶ _____ m

3 Utilizando uma régua graduada, meça o comprimento dos segmentos abaixo e escreva suas medidas em centímetros.

a) A•————————————•B ▶ AB = _____ cm

b) C•————————•D ▶ CD = _____ cm

4 O jogador mais alto do time de futebol da escola de Jonas mede 1 metro e 95 centímetros, e o jogador mais baixo mede 1 metro e 62 centímetros.

Quantos centímetros um é mais alto que o outro? _____

5 Complete as frases a seguir com as unidades quilômetro, metro, centímetro ou milímetro. Utilize a unidade mais adequada em cada caso.

a) A espessura de 20 folhas de papel empilhadas é 2 _____.

b) O comprimento da sala é 3 _____.

c) A distância entre duas cidades é 220 _____.

d) A altura de uma mesa é 75 _____.

e) A largura de uma piscina é 10 _____.

f) A espessura do vidro de uma janela é 5 _____.

g) O comprimento de um lápis é 16 _____.

6 Com uma régua graduada, trace segmentos de reta com as seguintes medidas:

a) $AB = 5$ cm

b) $CD = 3,5$ cm

c) $EF = 11$ cm

7 Qual é a medida do comprimento de cada objeto em milímetro?

a)

b)
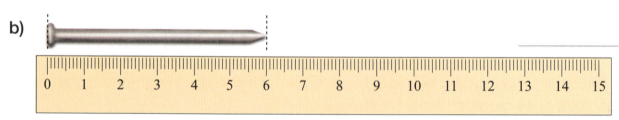

8 Complete com a unidade de medida em cada caso.

Exemplo:
100 m $= 1$ hm

a) $1\,000$ m $= 1$ _____

b) 10 m $= 1$ _____

c) $\dfrac{1}{10}$ m $= 1$ _____

d) $\dfrac{1}{100}$ m $= 1$ _____

e) $0,001$ m $= 1$ _____

f) $0,1$ m $= 1$ _____

9 Você se lembra das medidas 1 cm e 1 mm?

Lembre!
1 cm = 10 mm

- Agora, complete as igualdades a seguir.

   a) 7 cm = _____ mm

   b) 6,4 cm = _____ mm

   c) 70 mm = _____ cm

   d) 8 cm = _____ mm

   e) 80 mm = _____ cm

   f) 85 mm = _____ cm

10 Ligue cada comprimento à medida mais apropriada.

largura de uma sala		4 cm
comprimento de uma chave		3 m e 50 cm
comprimento de uma formiga		70 cm
altura de uma mesa		7 mm

11 Com a ajuda de seu professor, determine as medidas de sua sala de aula.

a) Comprimento ▶ _____ m ou _____ cm

b) Largura ▶ _____ m ou _____ cm

c) Altura ▶ _____ m ou _____ cm

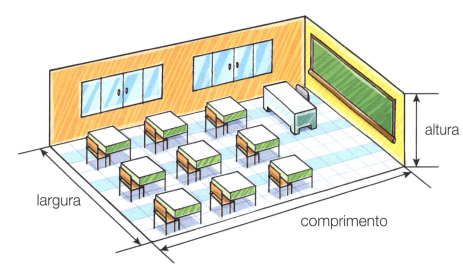

3 Leitura das medidas de comprimento

Aprendendo

A leitura das medidas de comprimento pode ser efetuada com o auxílio do **quadro de unidades**.

Observe os procedimentos para a leitura da medida **2,45 m**.

1º) Representar o quadro de unidades.

km	hm	dam	m	dm	cm	mm

2º) Colocar o número no quadro de unidades, localizando o último algarismo da parte inteira sob sua respectiva unidade. Lembre-se de que só pode ser colocado 1 algarismo sob cada uma das unidades de medida.

km	hm	dam	m	dm	cm	mm
			2,	4	5	

3º) Ler a **parte inteira**, acompanhada da unidade de medida de seu último algarismo, e a **parte decimal**, acompanhada da unidade de medida de seu último algarismo.

km	hm	dam	m	dm	cm	mm
			2,	4	5	

2,45 ▶ dois metros e quarenta e cinco centímetros

Outros exemplos.

km	hm	dam	m	dm	cm	mm	Leitura
		2	2,	4			vinte e dois metros e quatro decímetros
9,	0	1	5				nove quilômetros e quinze metros
					8,	7	oito centímetros e sete milímetros
				0,	1	8	dezoito milímetros
		1	8,	0	3	3	dezoito metros e trinta e três milímetros
		1	2,	0	1	4	doze decâmetros e catorze centímetros

Praticando

1 Represente as medidas a seguir no quadro de unidades e escreva como elas são lidas.

Exemplo:
5,42 m ▶ cinco metros e quarenta e dois centímetros

km	hm	dam	m	dm	cm	mm
			5,	4	2	

a) 9,16 km ▶ _____

km	hm	dam	m	dm	cm	mm

b) 94,08 dam ▶ _____

km	hm	dam	m	dm	cm	mm

c) 152,36 m ▶ _____

km	hm	dam	m	dm	cm	mm

d) 3,82 dm ▶ _____

km	hm	dam	m	dm	cm	mm

e) 0,23 m ▶ _____

km	hm	dam	m	dm	cm	mm

2 Escreva por extenso estas medidas.

a) 10,5 hm ▶ _____

b) 0,108 dam ▶ _____

trezentos e quinze **315**

3 Escreva a representação das medidas com algarismos e símbolos. Observe o exemplo.

> **Exemplo:**
> Quinze metros e sete decímetros ▶ 15,7 m

a) Nove quilômetros e quinze metros ▶ _____

b) Dezessete decímetros ▶ _____

c) Oito decâmetros e vinte e dois centímetros ▶ _____

d) Trinta centímetros e quatro milímetros ▶ _____

e) Oitenta quilômetros ▶ _____

f) Quatro hectômetros e vinte e um centímetros ▶ _____

4 Transformação de unidades de medidas de comprimento

Aprendendo

As transformações de unidades de medida de comprimento têm, por base, o seguinte fato:

> Cada unidade de medida de comprimento é 10 vezes maior que a unidade imediatamente à sua direita.

Podemos transformar uma unidade maior em uma unidade menor, acrescentando zero(s) ou deslocando a vírgula para a direita.

Observe.

- Transformação de **6 km** em **m**:

km	hm	dam	m	dm	cm	mm
6	0	0	0			

6 × 1 000 = 6 000
6 km = 6 000 m

- Transformação de **15 m** em **cm**:

km	hm	dam	m	dm	cm	mm
		1	5	0	0	

15 × 100 = 1 500
15 m = 1 500 cm

- Transformação de **5,4 m** em **cm**:

km	hm	dam	m	dm	cm	mm
			5,	4	0	

5,4 × 100 = 540

5,4 m = 540 cm

posição da vírgula antes da mudança

- Transformação de **8,247 km** em **dam**:

km	hm	dam	m	dm	cm	mm
8,	2	4,	7			

8,247 × 100 = 824,7

8,247 km = 824,7 dam

posição da vírgula antes da mudança

- Transformação de **6,3 cm** em **mm**:

km	hm	dam	m	dm	cm	mm
					6,	3

6,3 × 10 = 63

6,3 cm = 63 mm

posição da vírgula antes da mudança

Podemos transformar uma unidade menor em uma unidade maior, deslocando a vírgula para a esquerda.

Observe.

- Transformação de **600 cm** em **m**:

km	hm	dam	m	dm	cm	mm
			6,	0	0	

600 ÷ 100 = 6

600 cm = 6 m

- Transformação de **15 000 mm** em **m**:

km	hm	dam	m	dm	cm	mm
		1	5,	0	0	0

15 000 ÷ 1 000 = 15

15 000 mm = 15 m

- Transformação de **630 m** em **km**:

km	hm	dam	m	dm	cm	mm
0,	6	3	0			

630 ÷ 1 000 = 0,63

630 m = 0,630 km = = 0,63 km

- Transformação de **7,5 cm** em **m**:

km	hm	dam	m	dm	cm	mm
			0,	0	7,	5

7,5 ÷ 100 = 0,075

7,5 cm = 0,075 m

posição da vírgula antes da mudança

trezentos e dezessete

Praticando

1 Com o auxílio do quadro de unidades, efetue as transformações abaixo.

a) 5 km = _____ m

b) 23 m = _____ cm

c) 45 cm = _____ mm

d) 7,2 m = _____ cm

e) 9,4 km = _____ m

km	hm	dam	m	dm	cm	mm

2 Use o quadro de unidades para efetuar as transformações a seguir.

a) 45 000 cm = _____ m

b) 765 mm = _____ m

c) 54 m = _____ km

d) 9 mm = _____ m

e) 6,4 cm = _____ m

km	hm	dam	m	dm	cm	mm

3 Transforme as medidas a seguir em metro.

a) 4 km = _____ m

b) 0,7 km = _____ m

c) 0,35 km = _____ m

d) 60 km = _____ m

e) 1,5 km = _____ m

f) 4,8 km = _____ m

4 Transforme as medidas a seguir em centímetro.

a) 8 m = _____ cm

b) 50 m = _____ cm

c) 0,7 m = _____ cm

d) 2,3 m = _____ cm

e) 7,18 m = _____ cm

f) 0,06 m = _____ cm

5 Faça a transformação das medidas abaixo em milímetro.

a) 9 m = _____ mm

b) 0,09 m = _____ mm

c) 15,4 m = _____ mm

d) 0,2 m = _____ mm

6 Transforme em metro cada uma destas medidas.

a) 56 cm = _____ m

b) 940 cm = _____ m

c) 4,8 cm = _____ m

d) 8 cm = _____ m

7 Escreva as medidas em quilômetro, usando números na forma decimal. Depois, faça a transformação das medidas em metro. Veja o exemplo.

Exemplo:
$\frac{5}{10}$ km = 0,5 km = 500 m

a) $\frac{25}{100}$ km = _____ km = _____ m

b) $\frac{200}{1\,000}$ km = _____ km = _____ m

c) $\frac{3}{10}$ km = _____ km = _____ m

8 Um quadro interativo tem 1,50 m de largura e 1,35 m de altura. Qual é a diferença, em centímetro, entre essas medidas?

O quadro interativo é uma tela de toque conectada a um computador. Uma caneta especial ou mesmo o dedo são usados para controlar uma variedade de aplicativos.

A diferença entre essas medidas é de _____ centímetros.

9 Beatriz caminhou $\frac{75}{100}$ km pela manhã e 1 600 m à tarde.

• Quantos quilômetros ela percorreu nesse dia?

Beatriz percorreu _____ quilômetros nesse dia.

10 Em uma prova de resistência, Mário percorreu 67 dam, Iaci, 0,685 km, e Bruno, 645 m.

- Quem percorreu a maior distância?

Quem percorreu a maior distância foi _____.

11 Maurício comprou um monitor de computador de 22" (lemos: vinte e duas polegadas).

- Qual é o valor aproximado dessa medida em centímetro?

1 polegada = 1" = 2,54 cm

Para saber a medida de uma tela, medimos sua diagonal, como está indicado na imagem acima.

O valor aproximado é de _____ cm.

12 Uma pista de atletismo tem 400 metros de comprimento. Um corredor deu 25 voltas nessa pista.

a) Esse corredor percorreu, ao todo, quantos metros nessa pista?

_____

b) Esse percurso corresponde a quantos quilômetros?

_____

13 Comprei 5 m de um fio elétrico por R$ 9,00. Quanto pagarei por uma peça de 100 m desse fio?

Pagarei R$ _____ por uma peça de 100 m desse fio.

5 Perímetro de uma figura

🎓 Aprendendo

1. Observe como Mário e Bruno determinaram a medida do comprimento do contorno de cada figura.

- Mário contornou a figura dele com o auxílio de um barbante e, depois, mediu o comprimento do pedaço de barbante que utilizou.

> A medida do contorno de uma figura chama-se **perímetro**.

- Bruno mediu cada lado da figura dele com uma régua.

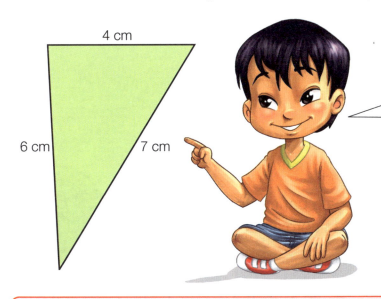

Para determinar a medida do comprimento do contorno do triângulo, podemos fazer: 4 cm + 6 cm + 7 cm = 17 cm

> O perímetro de um polígono é a soma das medidas dos lados desse polígono.

Praticando

1 Observe a figura abaixo.

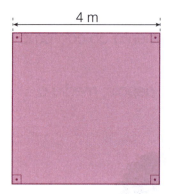

Qual é o perímetro do quadrado acima? _____

2 Calcule o perímetro da figura. _____

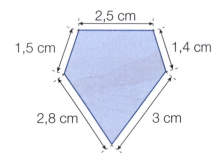

3 Utilizando uma régua, meça as medidas dos lados da figura abaixo e, em seguida, informe seu perímetro.

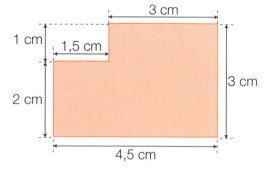

A figura acima tem _____ cm de perímetro.

4 Com o auxílio de um barbante, meça o perímetro da moeda de 1 real ao lado. Registre a resposta aproximada.

_____

5 Para cercar um terreno quadrado, de 80 m de lado, com 4 voltas de arame, quantos metros são necessários? _____

6 Ideia de área

🎓 Aprendendo

▪ Carlos revestiu uma parede da lavanderia, usando 36 azulejos.

A medida da superfície dessa parede, ou a área da parede, pode ser expressa por essa quantidade de azulejos.

Assim, considerando que cada azulejo é uma unidade de medida de superfície, podemos dizer que essa parede tem área igual a 36 azulejos.

✏️ Praticando

1 Observe a ilustração abaixo e determine a área, em ladrilho, da região destacada na parede dessa cozinha. _____

2 Calcule a área colorida, em quadradinho, de cada figura a seguir.

a)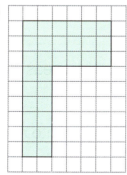

b)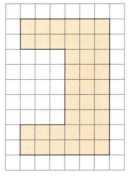

c)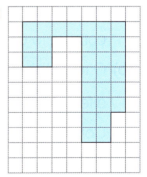

Área: _____   Área: _____   Área: _____

trezentos e vinte e três **323**

3 Considere o triângulo como unidade de área e responda às questões.

Triângulo

a) Qual é a área do quadrilátero? _____

b) Qual é a área do hexágono? _____

4 Observe as superfícies revestidas por lajotas quadradas e responda às questões considerando a lajota como unidade de área.

I)   II)   III)

a) Qual é a área de cada superfície?
_____

b) Expresse por meio de uma multiplicação a área de cada superfície, considerando o número de fileiras verticais e horizontais que há em cada revestimento.
_____

5 Adriano usou quadradinhos para criar o revestimento abaixo. Observe.

- Agora, reúna-se com um colega e façam o que se pede.

   a) Com os mesmos quadradinhos, Adriano poderia elaborar um revestimento composto de 4 fileiras com 3 quadradinhos em cada uma? _____

   b) O revestimento que Adriano criou e o descrito no item anterior têm áreas iguais ou diferentes? _____

   c) Com todos esses quadradinhos, Adriano poderia fazer um revestimento no formato de um quadrado? Justifique. _____

6 Na malha quadriculada abaixo, desenhe e pinte 2 figuras diferentes, cuja área corresponda a 16 quadradinhos.

- Agora, mostre seus desenhos para um colega e verifique se vocês desenharam as mesmas figuras.

7 A figura abaixo é formada por quadrados e triângulos. Veja como Isabela calculou a área dessa figura considerando o quadrado como unidade de área.

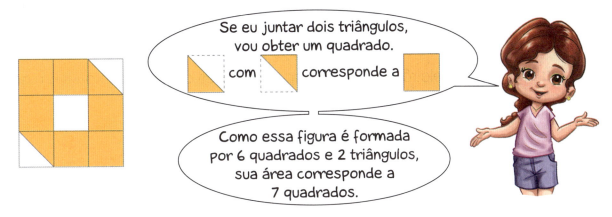

- Agora, faça como Isabela e calcule a área das figuras abaixo.

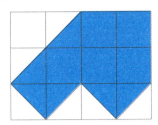
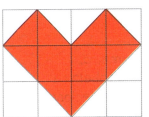

8 Valmir encontrou uma folha e ficou curioso para saber a área aproximada de sua superfície. Por isso, ele a colocou sobre uma malha quadriculada e considerou o quadrado como unidade de medida de área. Observe o esquema ao lado e determine a área aproximada da superfície dessa folha.

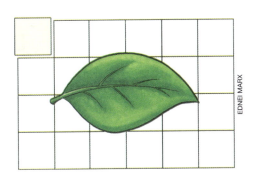

trezentos e vinte e cinco **325**

Tratando a informação

Construir gráficos de barras duplas em planilhas eletrônicas

Matemática, Língua Portuguesa, Ciências ou História? Em uma escola foi feita uma pesquisa para saber de qual dessas disciplinas os alunos mais gostam. Eles podiam escolher apenas uma disciplina.

Disciplina de que os alunos mais gostam				
Gênero	Disciplinas			
	Matemática	Língua Portuguesa	Ciências	História
Meninas	660	420	520	400
Meninos	530	610	570	290

Dados obtidos pela direção da escola, em setembro de 2019.

Iaci utilizou uma planilha eletrônica para transpor os dados dessa tabela para um gráfico de barras duplas verticais.

Veja como ela fez.

	A	B	C	D	E	F	G
1		Matemática	Língua Portuguesa	Ciências	História		
2	Meninas	660	420	520	400		
3	Meninos	530	610	570	290		
4							
5							
6							
7							
8							
9							
10							
11							
12							
13							
14							
15							
16							
17							
18							

Primeiro, copiei a tabela na planilha e selecionei os dados.

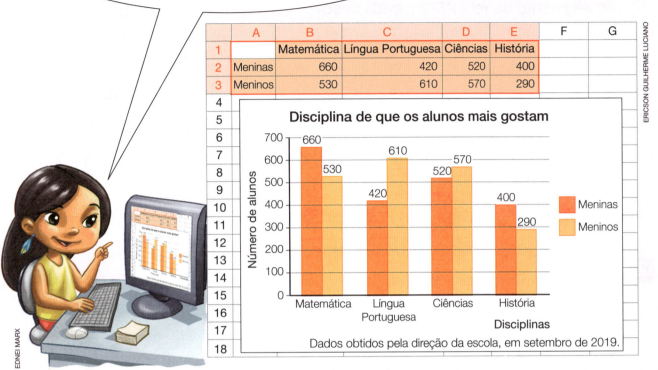

"Em seguida, escolhi a opção para inserir gráfico de barras duplas verticais. Depois que o gráfico estava construído, inseri o título, a identificação dos eixos e os valores de cada barra. No final, digitei a fonte."

- Usando uma planilha eletrônica, faça o que se pede.

   a) Transponha para um gráfico de barras duplas horizontais os dados da tabela da página anterior.

   b) Transponha os dados da tabela abaixo para um gráfico de barras duplas verticais.

Gênero	O que os moradores da cidade, com mais de 60 anos, gostam de fazer quando navegam na internet			
	O que gosta de fazer na internet			
	Ver vídeos	Conversar com os amigos	Jogar	Postar fotos
Mulheres	750	800	150	300
Homens	910	685	315	90

Dados obtidos pela prefeitura da cidade, no mês de julho de 2019.

   c) Agora, em seu caderno, crie perguntas com base no gráfico que você construiu. Depois, troque-as com um colega e responda às perguntas feitas por ele.

trezentos e vinte e sete **327**

Praticando mais

> **Sugestão de leitura**
>
> *Espaguete e almôndegas para todos! – Uma História Matemática*, de Marilyn Burns. Leia mais informações sobre esse livro na página 357.

1 Qual é, em centímetro, o comprimento do segmento de reta $\overline{AB}$ em cada caso?

a)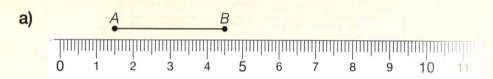

AB = _____

b)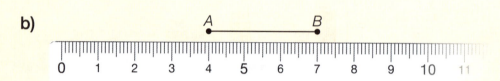

AB = _____

2 Responda.

a) Quantos metros há em 2 km? _____

b) Quantos milímetros há em 15 cm? _____

c) Quantos centímetros há em 80 mm? _____

3 Para ir de casa até o colégio, Jéssica pedala 4 quilômetros. Ela já percorreu 2 800 metros. Quantos metros Jéssica ainda precisa percorrer? _____

4 Um metro de tecido custa 25 reais. Com 200 reais, é possível comprar quantos metros desse tecido? _____

5 Calcule o perímetro de cada figura abaixo.

a)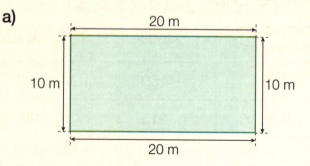

b)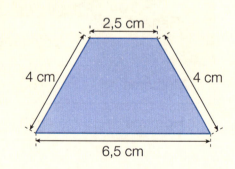

328 trezentos e vinte e oito

6 Com as dimensões indicadas na ilustração, determine quantos metros tem o contorno de um campo de futebol.

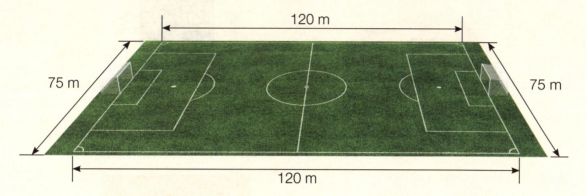

O contorno de um campo de futebol tem _____ metros.

7 Qual é o perímetro de um triângulo equilátero de 20 cm de lado? _____

8 Um quadrado tem 20 km de perímetro. Qual é a medida de cada lado desse quadrado? _____

9 Observe as figuras e considere o ▨ como unidade de área.

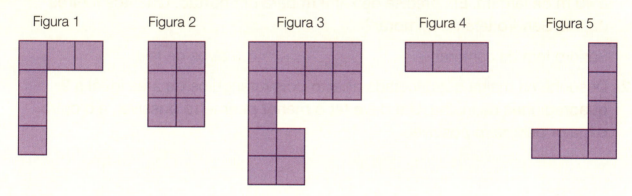

- Agora, determine:

    a) a área da figura 1. _____

    b) a área da figura 3. _____

    c) a figura que possui a menor área. _____

    d) a figura que possui a maior área. _____

    e) as figuras que têm áreas iguais. _____

10 Determine a área de cada figura considerando o quadrado como unidade de área.

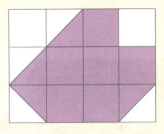

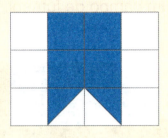

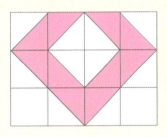

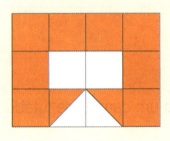

Desafios

1. Sandro vai cercar com uma tela um terreno retangular de 50 m de comprimento e 40 m de largura. Ele precisa deixar 3 m para um portão. Quantos metros de tela Sandro terá de comprar?

   Sandro terá de comprar _____ metros de tela.

2. Desenhe na malha quadriculada abaixo dois retângulos de área igual a 9 quadradinhos da malha. Um deve ter o menor perímetro possível, e o outro, o maior perímetro possível.

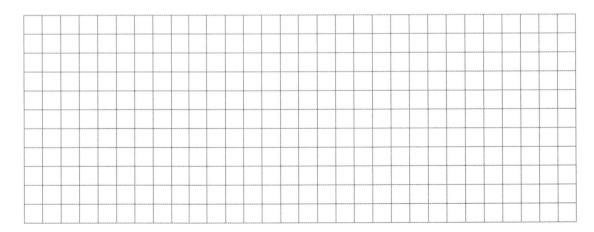

UNIDADE 11
Medidas de massa, de capacidade e de temperatura

Trocando ideias

1. Quantos quilogramas de massa pré-preparada é possível comprar com R$ 160,00? Haverá troco?
2. Que produtos a cliente que está no caixa poderia pegar para que sua compra totalizasse 100 reais?

1 Unidades de medida de massa

Aprendendo

O quilograma e o grama

Lucas e Ana foram ao mercado comprar algumas frutas para fazerem salada de frutas. Observe a cena.

O **quilograma (kg)** e o **grama (g)** são as unidades mais usadas para medir a **massa** de um corpo.

Se dividirmos um quilograma em 1 000 partes iguais, cada parte corresponderá a 1 grama.

Quilo é um prefixo que significa **mil**. *Quilograma*, portanto, quer dizer **mil gramas**.

1 quilograma = 1 000 gramas

1 kg = 1 000 g

Observe o quadro de unidades com múltiplos e submúltiplos do grama.

Quadro de unidades						
Múltiplos			Unidade fundamental	Submúltiplos		
quilograma	hectograma	decagrama	grama	decigrama	centigrama	miligrama
kg	hg	dag	g	dg	cg	mg
1 000 g	100 g	10 g	1 g	0,1 g	0,01 g	0,001 g

O múltiplo e o submúltiplo do **grama** mais utilizados são, respectivamente, o **quilograma** e o **miligrama**.

A tonelada

Para medir grandes massas, utilizamos a **tonelada** (**t**). Uma tonelada corresponde a mil quilogramas.

$$1\ t = 1\ 000\ kg$$

O crocodilo-de-água-marinha é o maior réptil existente hoje. Os machos podem chegar a 7 metros de comprimento e sua massa ultrapassa 1 tonelada.

Crocodilo-de-água-marinha, Austrália.

O miligrama

1 Para medir massas pequenas utilizamos o **miligrama** (mg).

comprimidos de 50 mg

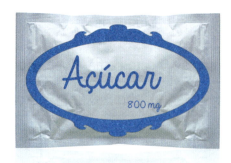
800 mg de açúcar

Podemos observar o miligrama presente nas embalagens de produtos químicos e farmacêuticos.

1 kg = 1 000 g = 1 000 000 mg

Praticando

1 Escreva o símbolo das unidades de massa abaixo.

a) Quilograma ▶ _____

b) Decigrama ▶ _____

c) Hectograma ▶ _____

d) Grama ▶ _____

e) Centigrama ▶ _____

f) Decagrama ▶ _____

g) Miligrama ▶ _____

h) Tonelada ▶ _____

2 Complete.

a) 1 kg = _____ g

b) 1 cg = _____ g

c) 1 g = _____ mg

d) 1 mg = _____ g

e) 1 dag = _____ g

f) 1 t = _____ kg

3 Complete as frases com **mg**, **g**, **kg** ou **t**. Use a unidade de massa mais adequada.

a) A massa da criança era 32 _____.

b) Aquele navio tem 97 _____ de massa.

c) A massa do pacote de queijo ralado era 250 _____.

d) Cada um dos comprimidos tinha 8 _____ de massa.

4 Conhecidas como vergalhões, essas barras de aço são muito usadas na construção civil, especialmente para reforçar as estruturas de concreto.

Observe o gráfico abaixo, que representa a quantidade de toneladas de aço usada em uma grande obra, em determinada semana.

Dados obtidos em uma grande obra, em fev. 2019.

- Agora, responda às questões.

   a) Em qual dia da semana foi utilizada a maior quantidade de aço na obra?

   _____

   b) No sábado foi utilizada uma quantidade de aço correspondente à metade da quantidade usada em qual dia da semana? _____

   c) Quantas toneladas de aço foram usadas, ao todo, nessa semana? _____

5 Ligue a imagem ao símbolo da unidade mais adequada para indicar sua massa.

6 Observe as figuras a seguir e determine a massa do pacote B, em grama, sabendo que as balanças de pratos estão em equilíbrio. _____

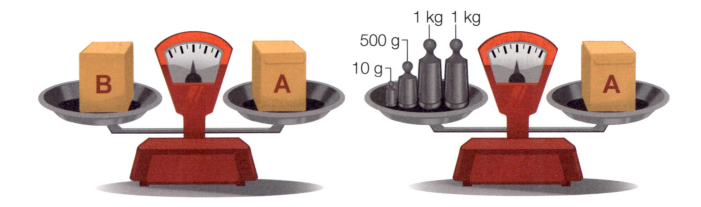

7 Quantos quilogramas existem em $\frac{1}{2}$ t? _____

8 Um elefante pesa cerca de 5,2 t. Represente essa massa em quilograma.

Um elefante pesa cerca de _____.

9 Um quilograma de ferro para construção custa R$ 22,00.

Quanto custarão 3 t desse ferro?

Custarão _____ reais.

10 Em uma caixa de papelão foram colocados 25 pacotes de bolacha. Cada pacote de bolacha tem massa de 200 gramas. Qual é a massa, em quilograma, do conteúdo dessa caixa?

A massa do conteúdo dessa caixa é _____.

11 Uma fábrica de produtos alimentícios tem 1 tonelada de amendoim para ser embalado em pacotes de 250 g. Quantos pacotes com 250 g de amendoim deverão ser produzidos?

Deverão ser produzidos _____ pacotes de 250 g.

Resolvendo problemas

Ana Maria foi ao supermercado e comprou 3 quilogramas de margarina. Observe ao lado os tipos de pote que ela encontrou.

Quantos potes de margarina ela comprou?

2 Leitura das medidas de massa

Aprendendo

A leitura das medidas de massa segue o mesmo procedimento aplicado às medidas de comprimento. Observe os exemplos.

- Medida **6,075 kg**:

kg	hg	dag	g	dg	cg	mg
6,	0	7	5			

Lemos: 6 quilogramas e 75 gramas.

- Medida **0,035 g**:

kg	hg	dag	g	dg	cg	mg
			0,	0	3	5

Lemos: 35 miligramas.

Praticando

1 Escreva por extenso as seguintes medidas de massa.

a) 8,5 kg ▶ _____

b) 15,5 g ▶ _____

c) 0,36 g ▶ _____

d) 590 mg ▶ _____

e) 1,17 kg ▶ _____

2 Escreva a representação simplificada das medidas de massa abaixo. Observe o exemplo.

> **Exemplo:**
> Cinco gramas e sete miligramas ▶ 5,007 g

a) Nove decagramas e oito gramas ▶ _____

b) Quinze decigramas e quatro miligramas ▶ _____

c) Quarenta quilogramas e vinte gramas ▶ _____

3 Transformação de unidades de medidas de massa

Aprendendo

A transformação de unidades de massa é efetuada de modo idêntico ao das medidas de comprimento.

> Cada unidade de medida de massa é 10 vezes maior que a unidade imediatamente à sua direita.

Observe os exemplos.

- Transformação de **7,5 kg** em **g**:

kg	hg	dag	g	dg	cg	mg
7,	5	0	0			

7,5 × 1 000 = 7 500
7,5 kg = 7 500 g

posição da vírgula antes da mudança

- Transformação de **17 mg** em **g**:

kg	hg	dag	g	dg	cg	mg
			0,	0	1	7

17 ÷ 1 000 = 0,017
17 mg = 0,017 g

Praticando

1 Efetue as transformações das unidades de massa.

a) 5 kg = _____ g

b) 85 g = _____ cg

c) 7,4 kg = _____ g

d) 0,8 kg = _____ g

e) 56,4 g = _____ mg

f) 0,018 g = _____ mg

2 Continue efetuando as transformações das unidades de massa.

a) 18 g = _____ kg

b) 500 g = _____ kg

c) 6 t = _____ kg

d) 1,6 t = _____ kg

e) 950 mg = _____ g

f) 400 kg = _____ t

3 Quantos gramas equivalem a $\frac{3}{5}$ kg?

$\frac{3}{5}$ kg equivalem a _____ gramas.

trezentos e trinta e nove

4 Na pesagem de algodão, utiliza-se uma medida chamada **arroba**. Abel comprou 60 arrobas de algodão. Quantos quilogramas ele comprou, se 1 arroba equivale a 15 kg?

Abel comprou _____ quilogramas de algodão.

5 Paulo transportou 60 latas de 2,35 kg. Qual foi a massa total, em grama, transportada por ele?

A massa total transportada foi _____ gramas.

6 Um vaso cheio de água tem 950 g de massa. Vazio, sua massa é 0,35 kg. Qual é a massa de água contida nesse vaso em grama?

A massa de água desse vaso é _____ gramas.

7 O avião Antonov AN-225, fabricado na Ucrânia, tem 84 metros de comprimento, 88 metros de envergadura, 18 metros de altura e pode transportar até 250 toneladas. Levando em conta a massa que esse avião pode transportar, calcule quantos veículos de 2500 kg poderiam ser transportados por essa aeronave.

Poderiam ser transportados _____ veículos.

8 Esta ponte suporta, no máximo, 100 kg. Luís pesa 82 kg e precisa transportar 40 caixas de 4 kg cada uma, passando pela ponte. Quantas viagens de ida e volta, no mínimo, ele terá de realizar para transportar todas as caixas com segurança?

Luís terá de realizar, no mínimo, _____ viagens.

9 Observe as balanças a seguir e, em seguida, responda.

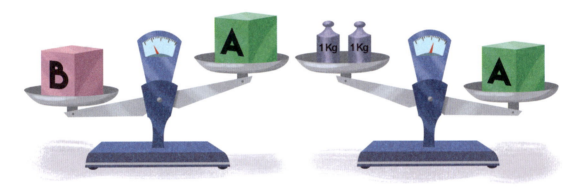

- O que podemos falar sobre a massa do bloco B?

_____

_____

_____

10 Observe a ilustração. Depois, resolva as questões a seguir.

a) Quanto deverá ser pago por 200 g de queijo? _____

b) Se os 200 g de queijo forem pagos com uma cédula de R$ 10,00, qual será o valor do troco? _____

4 Unidades de medida de capacidade

Aprendendo

O litro e o mililitro

Para encher um vasilhame, um tanque de automóvel ou uma piscina, precisamos saber a quantidade de líquido que eles podem conter.

Essa quantidade de líquido corresponde à **capacidade** do recipiente.

> Capacidade é a quantidade de líquido que um recipiente pode conter.

Observe a capacidade dos recipientes abaixo.

copo comum
capacidade: 250 mL

garrafa
capacidade: 500 mL

balde
capacidade: 5 L

O **litro** (**L**) e o **mililitro** (**mL**) são unidades de capacidade.

> O litro é a unidade padrão de medida de capacidade e seu símbolo é L.

> 1 L = 1 000 mL

Observe o quadro de unidades com múltiplos e submúltiplos do litro.

Quadro de unidades						
Múltiplos			Unidade fundamental	Submúltiplos		
quilolitro	hectolitro	decalitro	litro	decilitro	centilitro	mililitro
kL	hL	daL	L	dL	cL	mL
1 000 L	100 L	10 L	1 L	0,1 L	0,01 L	0,001 L

Os múltiplos do litro são pouco utilizados. Dos submúltiplos, o **mililitro** é o que apresenta uso mais frequente.

Curiosidade

Capacidade aproximada de alguns objetos

 colher de chá: 2 mL

 colher de sopa: 8 mL

 seringa de injeção: 60 mL

 copo: 200 mL

lata de refrigerante: 350 mL

 garrafa de refrigerante: 600 mL

 garrafa de água: 1,5 L

 balde para água: 20 L

Praticando

1 Sayuri e Daniel enchem a piscina usando baldes de 20 litros. Se a capacidade da piscina é de 700 litros, quantos baldes cheios de água serão necessários para enchê-la completamente?

Serão necessários _____ baldes de água para encher a piscina.

2 Uma família é formada por 6 pessoas. Sabendo que cada pessoa dessa família toma 2 banhos por dia e que em cada banho são consumidos aproximadamente 65 litros de água, quantos litros, aproximadamente, essa família gasta por semana?

trezentos e quarenta e três

3 Complete.

a) 1 L = _____ mL

b) 1 kL = _____ L

c) 1 L = _____ cL

d) 1 cL = _____ L

e) 1 mL = _____ L

f) 1 daL = _____ cL

4 Escreva os símbolos das unidades de capacidade.

a) Decilitro ▶ _____

b) Centilitro ▶ _____

c) Mililitro ▶ _____

d) Decalitro ▶ _____

e) Hectolitro ▶ _____

f) Quilolitro ▶ _____

5 Complete as frases com **litros** ou **mililitros**. Use a unidade de capacidade mais adequada.

a) Josias tomou 250 _____ de água.

b) A caixa-d'água tem capacidade de 2 000 _____.

c) Luisinho tomou 10 _____ de xarope.

d) Um garrafão tem 20 _____ de água.

6 Com 20 litros de leite, quantos copos de 200 mL podemos encher?

Podemos encher _____ copos de leite.

7 Um automóvel esportivo consome 1 L de combustível para percorrer 4 km. Quantos litros de combustível serão necessários para um passeio de 200 km?

Serão necessários _____ litros de combustível.

344 trezentos e quarenta e quatro

8 Uma piscina tem capacidade para 30 000 L. Pela manhã, ela recebeu uma quantidade de água correspondente a $\frac{2}{5}$ de sua capacidade. Quantos litros faltam para enchê-la?

Faltam _____ litros de água para encher a piscina.

9 Foram retirados $\frac{3}{5}$ de água mineral de um garrafão de 20 L. Quantos litros de água sobraram no garrafão?

Sobraram _____ litros de água no garrafão.

10 Analise os recipientes de leite fermentado de uma empresa e responda às questões.

a) Qual recipiente dessa empresa tem maior capacidade?
_____

b) Qual recipiente dessa empresa tem menor capacidade?
_____

c) Quantas vezes o conteúdo do recipiente de menor capacidade cabe no recipiente de maior capacidade? _____

trezentos e quarenta e cinco **345**

5 Leitura das medidas de capacidade

Aprendendo

A leitura das medidas de capacidade segue o mesmo procedimento aplicado às medidas de comprimento.

Observe os exemplos.

- Medida **84,58 L**:

kL	hL	daL	L	dL	cL	mL
		8	4,	5	8	

Lemos: 84 litros e 58 centilitros.

- Medida **0,016 kL**:

kL	hL	daL	L	dL	cL	mL
0,	0	1	6			

Lemos: 16 litros.

Praticando

1 Escreva por extenso as seguintes medidas de capacidade.

a) 5,4 L ▶ _____

b) 18,25 daL ▶ _____

c) 430 cL ▶ _____

2 Escreva a representação simplificada das medidas de capacidade a seguir. Observe o exemplo.

> **Exemplo:**
> Quinze litros e nove centilitros ▶ 15,09 L

a) Sete quilolitros e doze litros ▶ _____

b) Vinte litros e cinco mililitros ▶ _____

c) Trinta e cinco hectolitros e oito litros ▶ _____

6 Transformação das unidades de medidas de capacidade

Aprendendo

A transformação das unidades de capacidade é efetuada de modo idêntico ao da transformação das medidas de comprimento.

> Cada unidade de medida de capacidade é 10 vezes maior que a unidade imediatamente à sua direita.

Observe os exemplos.

- Transformação de **5,76 L** em **mL**:

kL	hL	daL	L	dL	cL	mL
			5	7	6	0

5,76 × 1000 = 5 760
5,76 L = 5 760 mL

posição da vírgula antes da mudança

- Transformação de **85 cL** em **L**:

kL	hL	daL	L	dL	cL	mL
			0,	8	5	

85 ÷ 100 = 0,85
85 cL = 0,85 L

Praticando

1 Efetue as transformações das unidades de capacidade.

a) 5 L = _____ cL
b) 17 L = _____ cL
c) 9 L = _____ cL
d) 60 L = _____ mL
e) 8,5 L = _____ mL
f) 32 L = _____ mL
g) 12,4 L = _____ cL
h) 0,7 L = _____ cL
i) 13 L = _____ cL

2 Continue transformando as unidades de capacidade.

a) 6,7 mL = _____ L
b) 8,45 daL = _____ L
c) 28,8 hL = _____ daL
d) 1,2 hL = _____ L
e) 45 daL = _____ cL
f) 59 dL = _____ mL
g) 7 kL = _____ L
h) 0,07 L = _____ cL
i) 63 mL = _____ daL

3 Transforme em litros.

a) 5 cL = _____ L c) 80 mL = _____ L e) 780 mL = _____ L

b) 7,4 mL = _____ L d) 1000 cL = _____ L f) 0,5 dL = _____ L

4 Continue efetuando as transformações das unidades de capacidade. Veja o exemplo ao lado.

a) $\frac{25}{10}$ L = _____ L = _____ cL

b) $\frac{5}{10}$ kL = _____ kL = _____ daL

c) $\frac{125}{1000}$ L = _____ L = _____ mL

Exemplo:
$\frac{25}{100}$ L = 0,25 L = 25 cL

5 Observe as situações.

Com 1,2 L de suco, eu encho duas garrafas de 600 mL.

Com 1,2 L de suco, eu encho uma garrafa de 600 mL e duas de 300 mL.

Com 1,2 L de suco, eu encho quatro garrafas de 300 mL.

1,2 L	600 mL	600 mL	600 mL	300 mL 300 mL	300 mL 300 mL	300 mL 300 mL

• Determine o valor da soma das capacidades, em litro, em cada caso abaixo.

a)

_____

b)

_____

6 Um litro de uma substância custa R$ 5,20. Quanto pagarei por cinco litros e meio dessa substância?

Pagarei _____ reais.

7 Em uma caixa há 24 frascos de detergente com 750 mL cada um. Quantos litros de detergente estão embalados nessa caixa?

Nessa caixa estão embalados _____ litros de detergente.

8 Marcelo comprou 6 L de água de coco para servir aos clientes em sua lanchonete. Se cada copo tem capacidade para 200 mL, quantos copos de água de coco, no máximo, ele poderá servir?

Ele poderá servir _____ copos.

9 Para preparar 4 L de suco de caju, Helena usou 800 mL de suco de caju concentrado e certa quantidade de água. Quantos mililitros de água Helena usou?

Helena usou _____ mililitros de água.

Lendo e descobrindo

Mamíferos enormes

MEIO AMBIENTE

A baleia-azul é o maior animal do planeta Terra. Sua massa é de aproximadamente 150 toneladas e, para manter seu corpo em funcionamento, ela ingere 8 toneladas de comida diariamente. Seu alimento preferido é um pequeno crustáceo chamado *krill*. Seus filhotes não ficam para trás, eles mamam até 600 litros de leite por dia.

Baleia-azul, Mirissa, Sri Lanka, 2016.

Elefante africano, no Parque Nacional Hwange, Zimbábue, 2018.

Já o elefante africano é o maior mamífero terrestre. Sua massa é de aproximadamente 9 toneladas, e ele pode comer até 100 quilogramas de alimentos por dia.

A alimentação do elefante é à base de capim, folhas, cascas de árvores e raízes. Seus filhotes mamam até 100 litros de leite por dia.

Dados obtidos em: <https://super.abril.com.br/mundo-estranho/qual-e-o-bicho-mais-comilao/>. Acesso em: 18 jul. 2019.

Responda.

1. Quantos quilogramas de comida a baleia-azul ingere a mais que um elefante africano por dia?

2. Quantos litros de leite os filhotes de elefante africano mamam, por dia, a menos que os filhotes de baleia-azul?

3. Quando nasce, o musaranho, menor mamífero do mundo, tem massa aproximadamente igual a 2 gramas. A massa de uma baleia-azul equivale à massa de quantos musaranhos recém-nascidos?

7 Temperatura

Aprendendo

Observe as cenas abaixo.

As temperaturas indicadas na cena acima podem ser lidas da seguinte forma:
- 70,7 °C: "Setenta vírgula sete graus Celsius".
- 33,5 °C: "Trinta e três vírgula cinco graus Celsius" ou "Trinta e três graus Celsius e meio".

Praticando

1 Escreva nos quadros abaixo a temperatura correspondente.

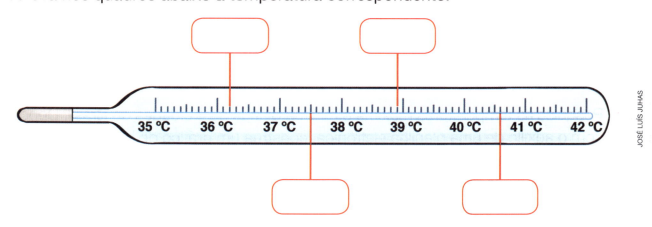

2 Iaci e seus amigos saíram da escola e foram para uma praça onde o sorveteiro tem uma propaganda muito interessante. Observe a imagem abaixo.

- Agora, responda.

   a) Tendo em vista a promoção, qual deles você acha mais vantajoso comprar neste momento?

   _____
   _____

   b) Se a temperatura do termômetro fosse 32 °C, haveria vantagem em comprar o picolé ou o sorvete de massa?

   _____
   _____

   c) Qual você compraria se estivesse no lugar de Iaci?

   _____
   _____

 3 Pesquise as temperaturas máxima e mínima diárias de 4 cidades do Brasil. Depois, com o auxílio de uma planilha eletrônica, construa um gráfico de barras para representar os dados da sua pesquisa. Escreva um pequeno texto comparando as temperaturas máxima e mínima diárias das cidades que você escolheu e, depois, mostre-o aos colegas.

Tratando a informação

Fazendo uma pesquisa

Pular corda, empinar pipa e brincar com carrinho de rolimã são algumas brincadeiras que fizeram parte da infância de muitos adultos.

Você sabe de qual dessas brincadeiras os adultos mais gostavam quando eram crianças? Agora é a sua vez! Reúna-se com 3 colegas e sigam o roteiro abaixo para descobrir.

Roteiro

1º Coletem os dados de que necessitam aplicando questionários iguais aos do modelo ao maior número possível de adultos que vocês conhecem.

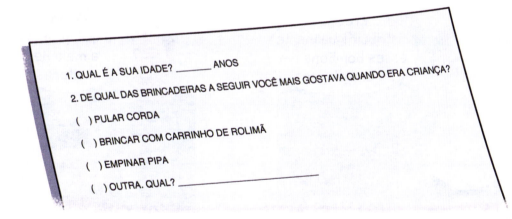

2º Agrupem as idades dos adultos que participaram da pesquisa e organizem-nas em uma tabela.

3º Com o auxílio de uma planilha eletrônica instalada em um computador, construam um gráfico de barras verticais ou horizontais com base nos dados da tabela que vocês fizeram no item anterior.

4º Por fim, analisem a tabela e o gráfico construídos e tirem conclusões.

Praticando mais

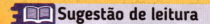
Sugestão de leitura
Monstromática, de Jon Scieszka e Lane Smith. Leia mais informações sobre esse livro na página 357.

1 Observe as situações e responda às questões.

a) Quantos gramas de queijo faltam para completar 850 gramas?
_____

c) Quanto a cliente vai pagar por 3,5 kg de açúcar?
_____

b) Quantos gramas ele vai colocar em cada embalagem?
_____

d) Quantos quilogramas de azeitona faltam para completar essa compra?
_____

2 Um navio descarregou 2 dúzias de caixas, e cada caixa pesa meia tonelada. Quantos quilogramas foram retirados desse navio? _____

3 Em um depósito foram colocadas 200 caixas de café com 75 kg cada uma. Quantas toneladas de café há nesse depósito? _____

4 Um caminhão pode transportar 10 t de carga. Ele já foi carregado com 60 caixas de 80 kg cada uma. Quantos quilogramas faltam para completar a carga máxima do caminhão? _____

5 Um agricultor está colhendo vagens de um tipo de feijão. De cada vagem colhida, são retirados 15 grãos de feijão. Quatro grãos desse tipo de feijão têm, aproximadamente, 1 grama de massa.

a) Quantos grãos desse tipo de feijão o agricultor precisa juntar para obter 1 kg?

_____

b) Para obter 1 kg desse feijão, o agricultor precisa colher mais ou menos que 250 vagens?

_____

6 Se 6 litros de um suco de frutas custam 12 reais, quantos reais custam 3 litros e meio desse suco? _____

7 Observe o termômetro abaixo.

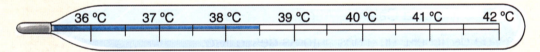

- Agora, marque V para as afirmações verdadeiras e F para as falsas.

☐ A temperatura medida pelo termômetro é maior que 37 °C.

☐ A temperatura medida pelo termômetro é maior que 39 °C.

☐ A temperatura medida pelo termômetro é 38,5 °C.

 Desafio

Uma fazenda produz 280 litros de leite por dia. Dessa quantidade, $\frac{3}{7}$ são consumidos na própria fazenda, e o restante é vendido. Quantos litros de leite são vendidos diariamente? _____

Sugestões de leitura

Almanaque Maluquinho: Pra que dinheiro?
Ziraldo, Globo.

Um livro composto de histórias em quadrinhos a respeito de temas atuais que envolvem moedas, cédulas, banco, salário etc., para você refletir sobre como gastar seu dinheiro.

Eu fecho a torneira: Para economizar água
Jean-René Gombert, Girafinha. (Coleção Com os pés no chão)

O autor conta, de maneira divertida e criativa, por que devemos economizar água e como podemos fazer isso. O livro é acompanhado de 12 etiquetas para você usar como lembretes de economia.

Rodas, pra que te quero!
Angela Carneiro e Marcela Cálamo, Ática.

Um relato da vida de Tchela, uma das autoras desse livro, menina que adorava correr e andar de bicicleta e, de repente, descobre que não vai mais poder usar suas pernas. Mas Tchela é uma garota especial que não se deixa levar pelo pessimismo. Agora suas pernas são as rodas de sua cadeira.

A dobradura do samurai
Ilan Brenman e Fernando Vilela, Companhia das Letrinhas.

Há muito tempo o origami faz parte da vida dos japoneses. Os samurais já utilizavam essa técnica para desenvolver a coordenação motora, o tato e a circulação sanguínea. Era esse o caso do guerreiro Massao Kazuo, mestre na arte de dobrar papéis. Seu filho, Mitio, gostava principalmente de ver o pai fazer o *tsuru*, dobradura que representa o grou, ave da saúde e da fortuna. Bom observador, Mitio logo se torna especialista na arte do origami. Até o dia em que seu pai adoece e Mitio resolve dobrar mil *tsurus* para tentar salvá-lo.

Uma história da China

Martins R. Teixeira, FTD. (Coleção Matemática em mil e uma histórias)

Uma telha quebrada dá início à história do *tangram* e de suas figuras. Vô Lao conta para a garotada essa divertida e interessante história criando figuras de *tangram*.

Se você fosse uma fração

Trisha Speed Shaskan, Gaivota. (Coleção Matemática divertida)

Se você fosse uma fração, faria parte de um todo. Você poderia ser parte de uma *pizza* ou parte de uma torta. Você poderia ser parte de uma maçã ou parte de uma pera. O que mais você gostaria de ser, se fosse uma fração? Por meio de situações-problema, são apresentados os conceitos de adição de frações e as noções de metade, quarta parte e comparação entre frações.

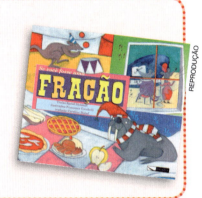

Espaguete e almôndegas para todos! — Uma História Matemática

Marilyn Burns, Brinque-Book.

No almoço da família, o senhor Costa ficou encarregado da comida, e a senhora Costa, de arrumar lugares para 32 pessoas. Tudo ia bem, até que os convidados aprontaram a maior bagunça e, de repente, não havia mais lugares para todos...

As engraçadas confusões da família Costa envolvem noções de perímetro, com composição e decomposição de figuras.

Monstromática

Jon Scieszka e Lane Smith, Companhia das Letrinhas.

Monstromática conta como uma menina fica dominada pela "matematicamania" e só pensa em números, problemas e operações matemáticas.

O livro apresenta muitas brincadeiras com os assuntos que você já estudou nas aulas de Matemática. Tudo vira diversão e motivo de risadas, convidando-o a aprender de um jeito muito gostoso.

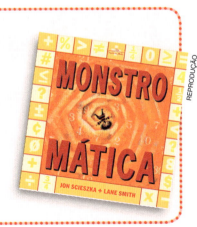

Cédulas e moedas

A1

Este suplemento é parte integrante da obra *Matemática*, de Ênio Silveira e Cláudio Marques. Não pode ser vendido separadamente. Editora Moderna.

Este suplemento é parte integrante da obra *Matemática*, de Ênio Silveira e Cláudio Marques. Não pode ser vendido separadamente. Editora Moderna.

Envelope para guardar materiais

A2

Para guardar materiais

Parte A

Parte B

Nome:

Turma:

Este suplemento é parte integrante da obra *Matemática*, de Ênio Silveira e Cláudio Marques. Não pode ser vendido separadamente. Editora Moderna.

Dobre aqui

Dobre aqui

Dobre aqui

Dobre aqui

Colar a parte **B** aqui

Colar a parte **A** aqui

ADILSON SECCO

Material dourado

A3

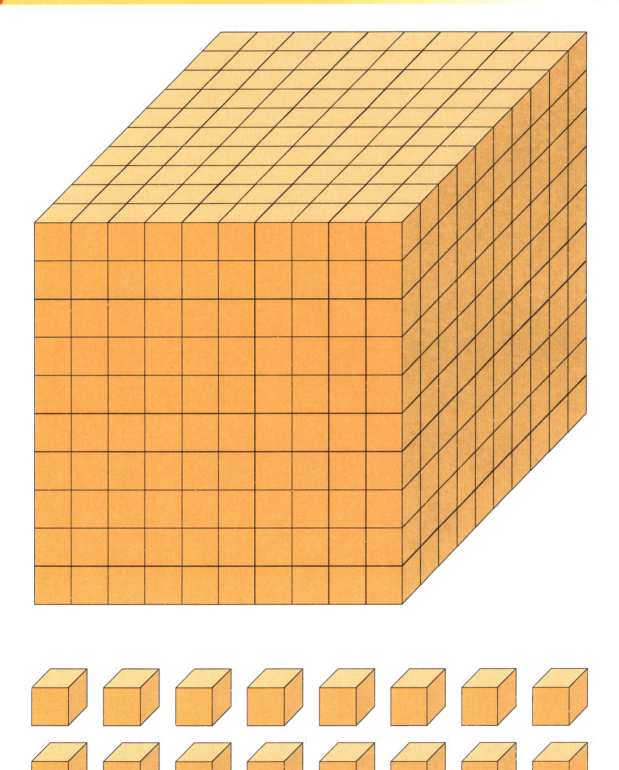

Este suplemento é parte integrante da obra *Matemática*, de Ênio Silveira e Cláudio Marques. Não pode ser vendido separadamente. Editora Moderna.

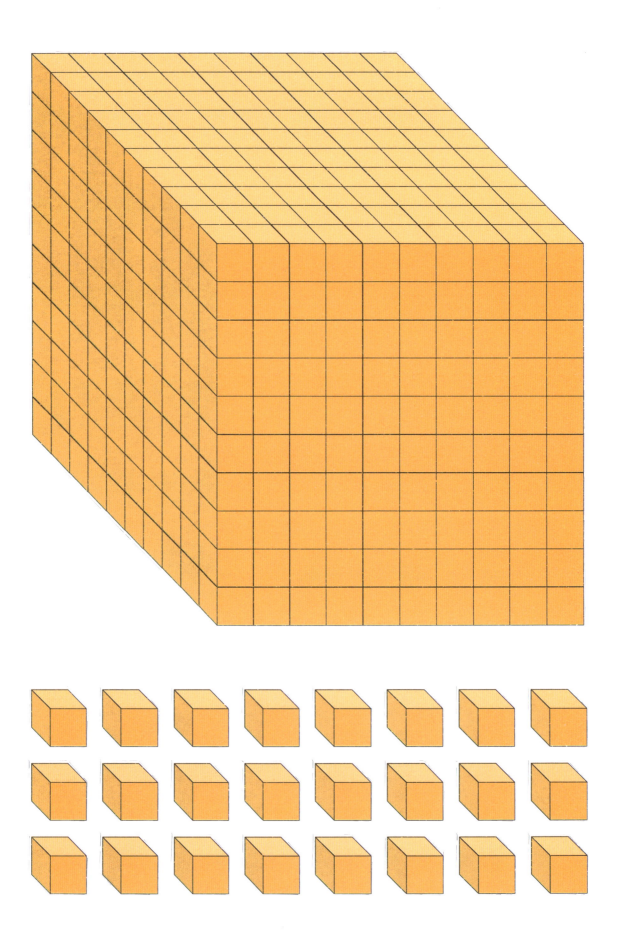

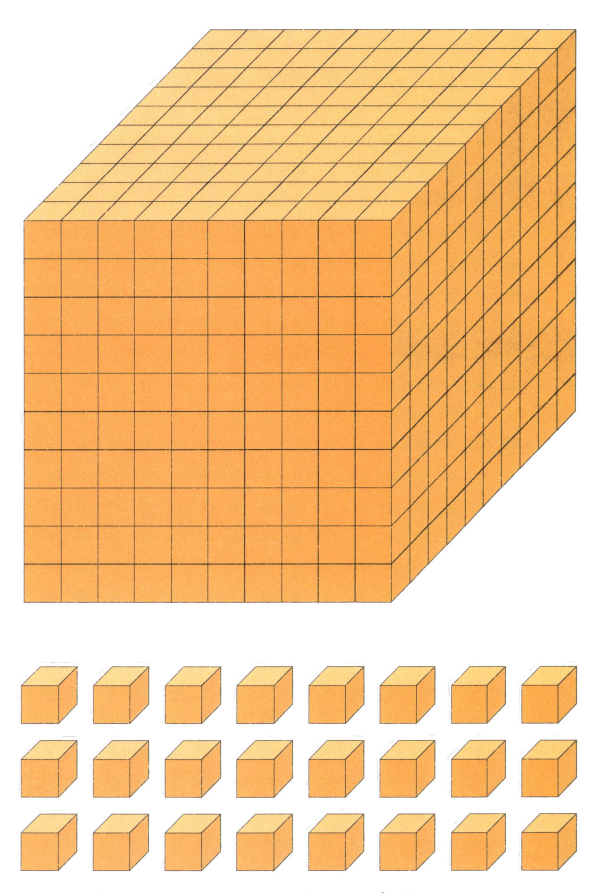

Este suplemento é parte integrante da obra *Matemática*, de Ênio Silveira e Cláudio Marques. Não pode ser vendido separadamente. Editora Moderna.

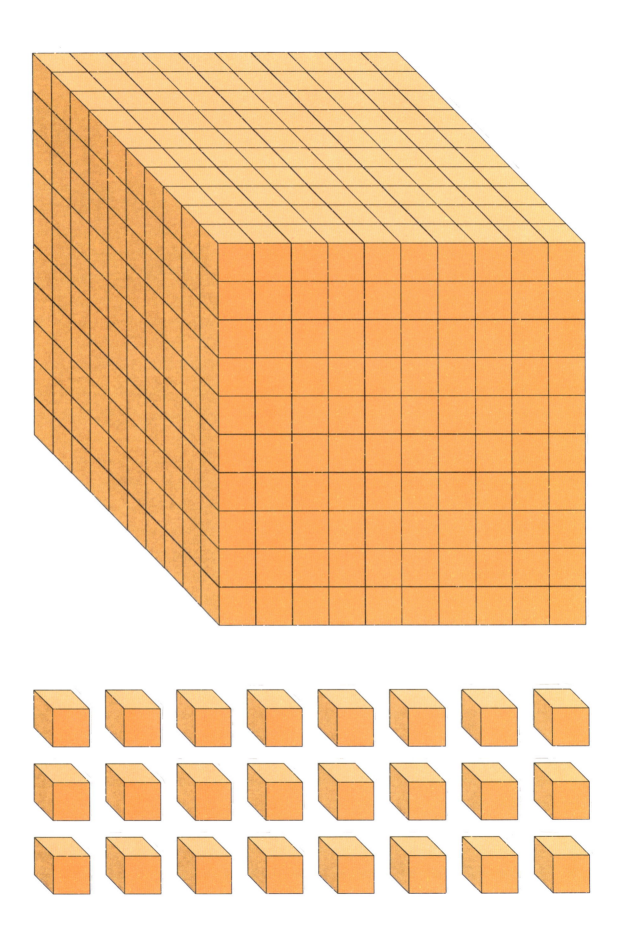

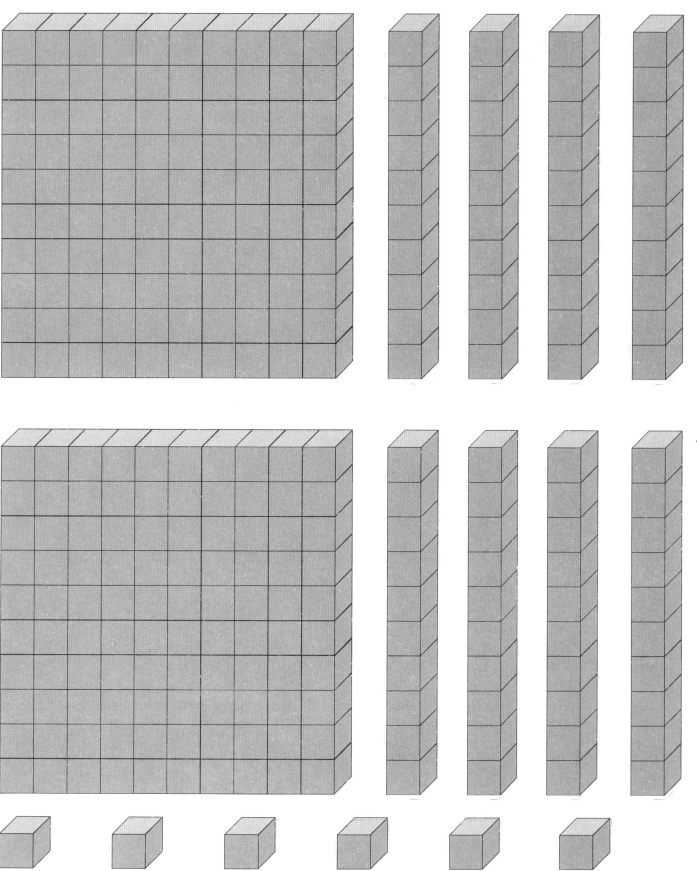

Este suplemento é parte integrante da obra *Matemática*, de Ênio Silveira e Cláudio Marques. Não pode ser vendido separadamente. Editora Moderna.

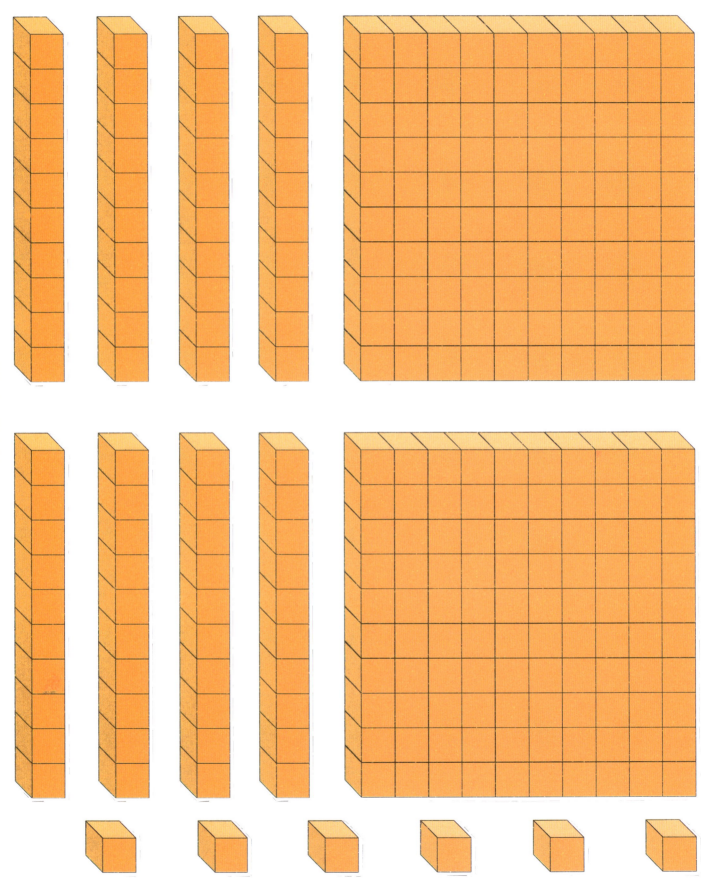

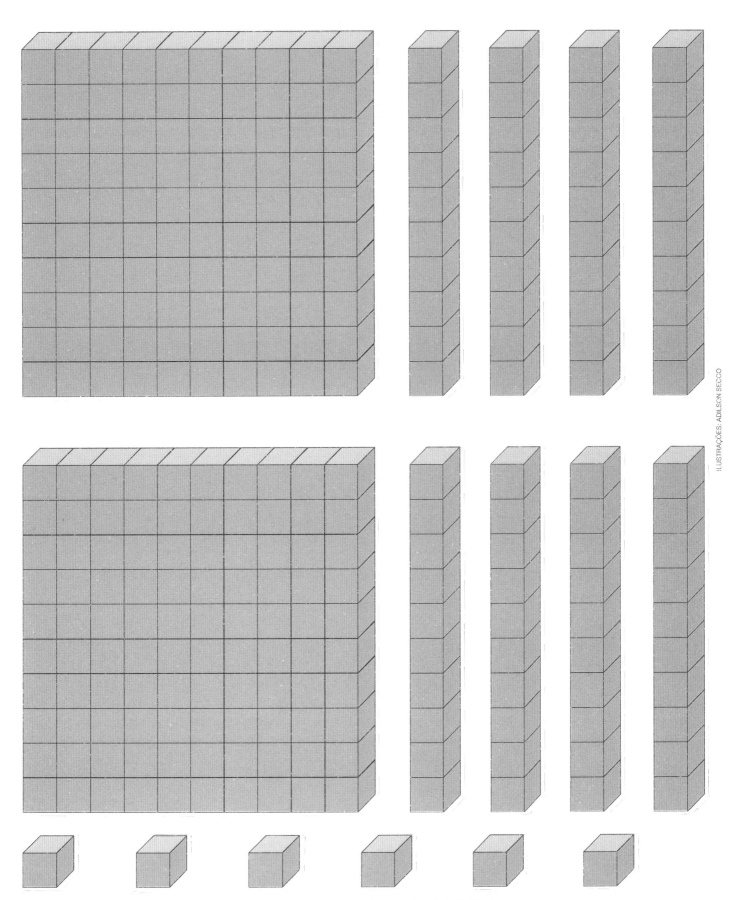

Este suplemento é parte integrante da obra Matemática, de Ênio Silveira e Cláudio Marques. Não pode ser vendido separadamente. Editora Moderna.

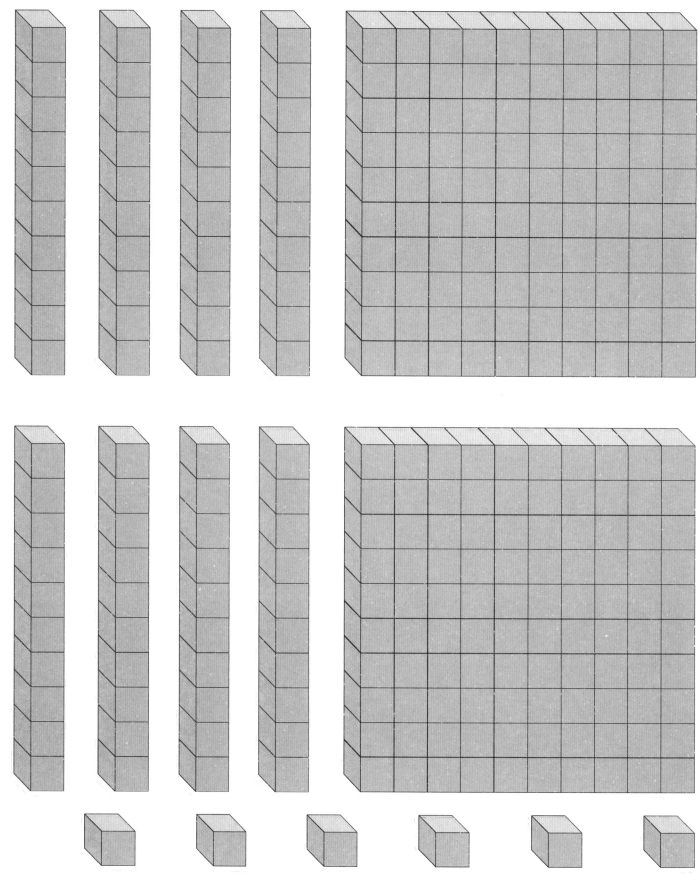

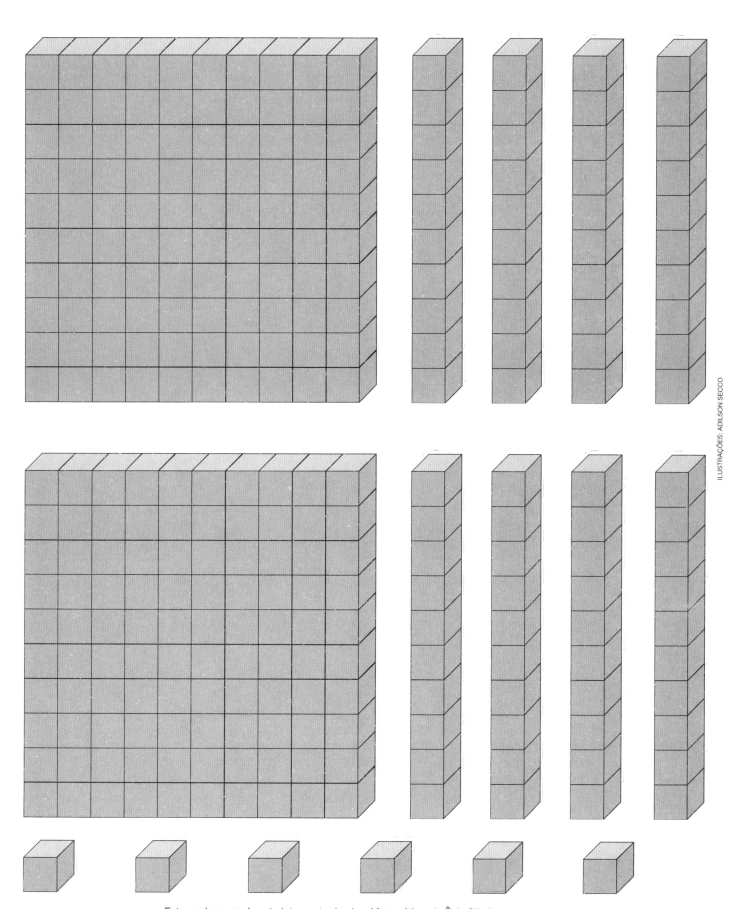

Este suplemento é parte integrante da obra *Matemática*, de Ênio Silveira e Cláudio Marques. Não pode ser vendido separadamente. Editora Moderna.

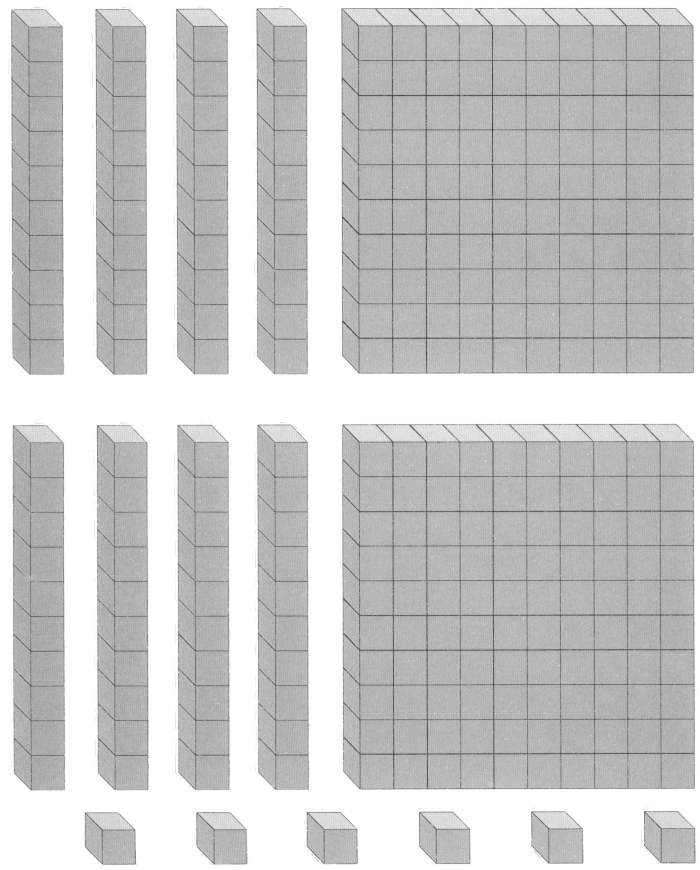

Material para a seção Jogando e aprendendo da página 81

A4

Material para a seção Jogando e aprendendo da página 81

A5

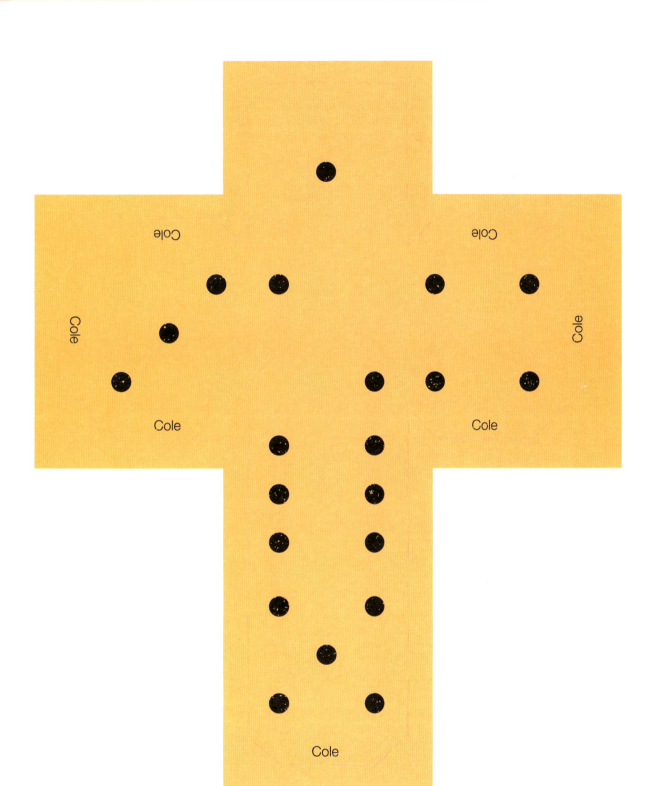

Este suplemento é parte integrante da obra *Matemática*, de Ênio Silveira e Cláudio Marques. Não pode ser vendido separadamente. Editora Moderna.

Material para a seção Agindo e construindo da página 95

A6

Este suplemento é parte integrante da obra *Matemática*, de Ênio Silveira e Cláudio Marques. Não pode ser vendido separadamente. Editora Moderna.

Material para a seção Agindo e construindo da página 95 A7

Este suplemento é parte integrante da obra *Matemática*, de Ênio Silveira e Cláudio Marques. Não pode ser vendido separadamente. Editora Moderna.

Material para a seção Agindo e construindo da página 97 A8

Cole

Material para a seção Agindo e construindo da página 97

A9

Cole

Este suplemento é parte integrante da obra *Matemática*, de Ênio Silveira e Cláudio Marques. Não pode ser vendido separadamente. Editora Moderna.

Material para a atividade 4 da página 206

Este suplemento é parte integrante da obra *Matemática*, de Ênio Silveira e Cláudio Marques. Não pode ser vendido separadamente. Editora Moderna.